Aux Elèves

Nous *affirmons* que la « SIMPLIGRAPHIE » peut s'apprendre seul, il suffit d'avoir de *la volonté*.

Comme pour la grammaire, l'arithmétique, etc., l'*enseignement* de la « SIMPLIGRAPHIE » est *entièrement libre (vouloir interdire l'enseignement d'une méthode est une manœuvre qui cache des desseins suspects)*. Quiconque veut, peut donc l'enseigner sans crainte d'être inquiété à ce sujet.

Mais il peut arriver, soit parce que l'*élève n'a pas su apprendre seul*, soit parce que le professeur n'a *pas suivi scrupuleusement* les principes édictés, que les résultats ne correspondent pas à ce que l'on est en droit d'attendre.

Aussi, pour remédier à ces inconvénients qui discréditent une méthode, fût-elle excellente, la *Société d'Éditions de Vulgarisation, a approuvé* et subventionné des *cours* dirigés par des *professeurs choisis avec soin* qui se sont engagés sous son contrôle, à enseigner la méthode, soit oralement, soit par correspondance, telle qu'elle doit être enseignée pour donner les *résultats que l'on doit obtenir*, résultats qui sont *ceux annoncés dans la préface de la présente méthode*. Sur demande, au siège social, la *Société d'Éditions de Vulgarisation* donnera le nom et l'adresse du professeur le plus rapproché du domicile de l'élève. Ces professeurs donneront l'enseignement au *tarif* suivant qui leur est *imposé* :

Cours d'ensemble, complet, à forfait. Frs.   **50.** »

Cours particuliers (domicile du professeur), *à forfait* . . . . . . —   **80.** »

Cours par correspondance, à forfait. . —   **110.** »

Le montant de ces cours ou leçons sera acquitté entre les mains du professeur qui devra *obligatoirement* délivrer un reçu conforme au fac-similé ci-après :

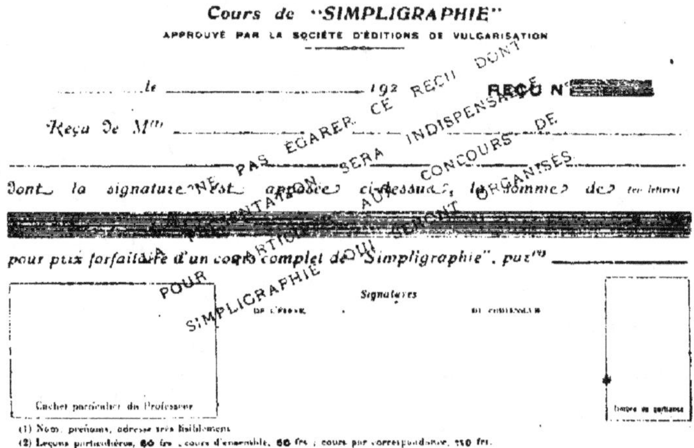

Ces cours ou ces leçons seront clôturés par un examen passé par un professeur autre que celui ayant enseigné, qui délivrera un certificat de fin d'études visé par la *Société d'Éditions de Vulgarisation.*

Les élèves ayant suivi ces cours ou leçons auront seuls le droit de participer aux concours dotés d'importants prix en espèces, qui seront organisés périodiquement par la Société d'Éditions de Vulgarisation. A cet effet, ils devront *conserver soigneusement le reçu* qui leur aura été délivré, car faute de présentation de ce reçu, nul ne sera admis à concourir.

PLACEMENT GRATUIT DES ÉLÈVES DIPLOMÉS

VOULEZ-VOUS que cette méthode vous soit REMBOURSÉE INTÉGRALEMENT ?

VOULEZ-VOUS QUE LE CAPITAL que vous avez engagé pour l'acquérir VOUS RAPPORTE 150 0/0 ?

Si nous n'avons pas d'agents exclusifs (nous le demander avant) dans votre région, trouvez dans vos relations et dans votre ville *10 personnes* au moins qui désirent avoir « SIMPLIGRAPHIE ».

Recueillez *vous-même* leur souscription (10 francs par méthode) et mettez au dos de cette feuille leurs noms et adresses.

Envoyez-la remplie à notre siège social, 5, avenue Duval-le-Camus, Saint-Cloud, les Coteaux (S.-et-O.) avec un mandat ou un chèque postal (compte courant 561-91) de **75 francs seulement.**

Vous *recevrez franco de port 10 méthodes* que vous remettrez vous-même aux intéressés.

Vous aurez ainsi **votre méthode gratis** et **15 francs** dans votre poche, de plus, vous aurez rendu service à vos amis.

Société d'Éditions de Vulgarisation.
(Registre du Commerce de S.-&-O. n° 14455).

N° 5207

NOMS	PRÉNOMS	PROFESSION	DOMICILE

Nom et adresse de l'expéditeur M

SIMPLIGRAPHIE

Méthode d'écriture abrégée basée sur la phonétique et s'écrivant par lettres et signes de ponctuation.

Société d'Éditions de Vulgarisation
5, Avenue Duval-le-Camus
SAINT-CLOUD-LES-COTEAUX (S.-et-O.)

1923

PRÉFACE

Qu'est=ce que la SIMPLIGRAPHIE?

C'est une méthode d'écriture abrégée dans laquelle ont été réunies, en quelques règles simples, les plus grandes possibilités d'abréviations, en se servant exclusivement de lettres et de signes de ponctuation ou d'arithmétique connus.

Le procédé n'est pas nouveau; on trouve, à l'origine de la civilisation, aussi bien chez les Hébreux que chez les Grecs et les Romains, des vestiges de procédés d'écriture abrégée, toujours basés sur la phonétique et qui démontrent la nécessité qui s'est toujours imposée à l'homme d'avoir à recueillir des paroles en même temps qu'elles étaient prononcées.

Sans entrer dans des détails pédants et fastidieux, on peut dire que, **dès 1588**, l'Anglais **RATCLIFF de PLYMOUTH** avait composé une méthode sténographique qui était une abréviation de l'écriture ordinaire, dont il n'écrivait plus que les lettres les plus saillantes de la prononciation : ainsi, **name** s'écrivait "**nm**"; haeven s'écrivait "**hvn**"; father s'écrivait "**fh**"; **mother** s'écrivait "**mth**", etc... (publiée en 1696 — 2**e** édition).

Depuis, c'est par centaines que dans les divers pays du monde ont fleuri des méthodes les plus diverses d'écriture abrégée employant les lettres ordinaires.

Nous citerons, tout près de nous, la méthode de **BRACHY-GRAPHIE**, de **CANTON-DELMAS**, qui a codifié en quinze règles un grand nombre de finales ; la méthode de M. **Louis LIÈVRE**, de **STENOGRAPHIE MÉCANIQUE**; l'**ABRÉVI** de M. le

Docteur **LEGRAND** ; la **BRÉVIGRAPHIE**, la **REXOGRA-PHIE**, la **RÉSOGRAPHIE**, ces trois méthodes de M. Raoul **DUVAL** ; l'**OCYGRAPHIE**, de M. **GUILBOT** ; la **SPIDO-GRAPHIE**, de M⁰ **QUILLE** ; l'**AUTOSTÉNOGRAPHIE**, de M. **Paul RÉMY**, etc., etc.,

Ce qui manquait jusqu'à présent, c'était la réunion des meilleurs de tous ces procédés abréviatifs en une méthode a la fois claire, simple, pourvue d'exercices abondants, en un mot. **SUFFISAMMENT COMPLÈTE** pour permettre à tout un chacun d'apprendre seul ces règles et les appliquer pratiquement au bout de très peu de temps.

C'est cette lacune que la " **Société d'Éditions de Vulgarisation** " a comblée, en présentant aujourd'hui au public la **SIMPLIGRAPHIE**.

Elle se compose de **CINQ LEÇONS** qui apprennent à combiner sans extravagance aucune, mais, au contraire, suivant des **règles logiques** et simples, les principales lettres du mot; pour apprendre ces règles, **QUELQUES HEURES SUFFISENT**, et pour les appliquer **PRATIQUEMENT** à une vitesse de 80 à 100 mots à la minute, il faut quatre semaines environ. Ces chiffres concernent l'écriture à la main, mais comme la **SIMPLIGRAPHIE** peut se pratiquer sur une machine à écrire ordinaire, (1) ayant subi un très léger changement, ce n'est plus 100 mots qu'il est possible d'atteindre au bout d'un mois d'exercice, c'est facilement 150, c'est-à-dire une **vitesse** que seules plusieurs années d'entrainement peuvent permettre d'atteindre en sténographie par signes.

Les avantages de **SIMPLIGRAPHIE** on les conçoit sans peine; à la rapidité s'ajoute la **lisibilité**, et mieux, l'**interlisibilité** et nous entendons par là que le sténogramme pourra être relu par n'importe qui, sans hésitation.

En outre, la **brièveté du temps** nécessaire à apprendre cette méthode qui est attrayante, présente aussi un très gros intérêt. Dans les récents congrès sténographiques, de 1920 et 1921, à **NANCY** et à **STRASBOURG**, il a été reconnu que le temps nécessaire pour écrire en sténographie par signes, à la vitesse effective de **CENT** mots par minute (vitesse moyenne sténographique commerciale), est d'au moins **TRENTE** se-

---

(1) **Voir** à ce sujet l'annonce de la 2⁰ page.

maines, avec un travail de **DIX** heures par semaine. **Quant
à la vitesse de 150 MOTS** (minimum) pour la prise de discours, le temps nécessaire d'étude est toujours de **CENT**
semaines au moins, à 10 heures de travail par semaine.

On conçoit, dès lors, quels avantages présente un
système bien étudié d'écriture abrégée, sur les méthodes
sténographiques par signes, si l'on se place surtout au point
de vue de la facilité des études et du temps qui y est consacré.

Il va sans dire que la sténographie demeure indispensable
— jusqu'à présent, du moins — pour les prises rapides. Mais
dans le commerce, dans l'enseignement, on n'a pas besoin de
grandes vitesses, le débit de celui qui dicte ou qui parle est
toujours mesuré, réfléchi. C'est dans ces milieux qu'une méthode
aussi près de la perfection que l'est la **SIMPLIGRAPHIE**
devient précieuse.

Et M. Tauzin, dont le nom fait autorité en matière de sténographie, puisqu'il à présidé l'Association sténographique fran
çaise, a pu dire : « *La sténographie, pour suivre la parole de
l'orateur, dépassera toujours l'écriture abrégée ; mais cette vitesse
n'étant pas utile au commerce, à l'enseignement, l'écriture
abrégée jouera le rôle prépondérant et trouvera là une application
destinée au plus grand succès* ».

Donc, les élèves des écoles primaires ou secondaires, les
élèves des écoles supérieures trouveront dans la **SIMPLI-
GRAPHIE** un auxiliaire précieux, qui leur facilitera gran-
dement la prise souvent si pénible de leurs cours. Et à ce titre,
c'est toutes les facultés qu'intéressent une pareille méthode.

Elle intéresse aussi tous ceux ou toutes celles qui, n'ayant pu
arriver à bout de leurs études sténographiques, et ils sont
légion ! veulent en très peu de temps apprendre facilement et
pour peu de dépenses le métier auquel ils avaient dû renoncer.
Elle intéresse enfin : tous les commerçants, **avocats, hommes
politiques, hommes de lettres, journalistes, ecclésiastiques,
professeurs,** tous ceux qui, enfin, **ONT BESOIN D'ÉCONO-
MISER LEUR TEMPS ET D'ÉCRIRE VITE.**

En outre, maintenant que la **Télégraphie** et la **Téléphonie
sans fil** entrent chaque jour davantage dans nos foyers,
donnant à toutes les heures de la journée, des informations,
des cours de Bourse, des prévisions météorologiques, etc.,
tout le monde est appelé à prendre **AUSSI RAPIDEMENT**

qu'ils sont parlés ces renseignements et là encore, la **SIMPLI-GRAPHIE** démontrera son incontestable UTILITÉ.

De plus, la **SIMPLIGRAPHIE** s'appliquera heureusement à la rédaction de Téléautogrammes (Transmission photographique à distance, système Belin), car elle permettra la transmission d'un texte visible sons erreurs possible. 50 °/° plus important que si l'on employait l'écriture ordinaire.

LA MÉTHODE EST COMPLÈTE, EN UN VOLUME DE PLUS DE CENT PAGES, qui **COMPREND** non seulement les **RÈGLES**, accompagnées de très **NOMBREUX EXEMPLES**, mais toute une série d'**EXERCICES GRADUÉS** qui permettent à toute personne, d'une intelligence très moyenne, de devenir réellement sténographe, **C'EST-A-DIRE POSSÉDER UN MÉTIER DANS DES DÉLAIS EXTRÊMEMENT COURTS**, qui peuvent varier suivant les aptitudes de **VINGT JOURS A UN MOIS**.

Société d'Éditions de Vulgarisation.

NOTE IMPORTANTE

Malgré les soins apportés à la rédaction et à la correction, la présente édition de **SIMPLIGRAPHIE** — la première — contiendra peut-être des erreurs que seule l'expérience et l'usage mettront en lumière.

La *Société d'Éditions de Vulgarisation* sera reconnaissante aux élèves ou lecteurs, qui lui signalerait ses erreurs afin qu'elle puisse en tenir compte dans les prochaines éditions.

Conseils pour l'étude de la SIMPLIGRAPHIE

Pour la compréhension rapide de **SIMPLIGRAPHIE** il est nécessaire d'apprendre tout d'abord par cœur, les trente-quatre règles de la méthode, les mots usuels que l'on s'habituera à écrire rapidement.

Lorsque ces règles et les mots usuels seront connus parfaitement, l'élève fera les exercices, les thèmes et les versions, règle par règle. Il est conseillé de faire tout par écrit en s'aidant de la méthode d'abord, puis de mémoire ensuite. Ne passer d'une règle à une autre que si l'on est certain de n'avoir commis aucune faute. Dans les thèmes des premières règles certains mots sont écrits entièrement en Français, la raison en est simple à comprendre. Ces mots sont **SIMPLIGRAPHIÉS** par des règles qui suivront et l'élève ne pourrait donc pas les traduire. Leur emploi disparaît au fur et à mesure de l'étude.

DE L'EMPLOI DES CHIFFRES

Les chiffres sont employés dans l'écriture des mots.

Exemples :

systématiquement	s'écrit :	6tm.)
quatrain	»	4i
entre-deux	»	:2
détroit	»	d3
ensuite	»	as8
cet, cette	»	7
s'inquiéter	»	5-

LA NUMÉRATION

Pour écrire les nombres à la machine, on se servira de la parenthèse ouverte pour les milliards, de la parenthèse fermée pour les millions, de la barre de pourcentage pour les milles, et enfin du trait d'union pour les centaines.

Pour écrire les chiffres à la main, on tracera au-dessus du chiffre un arc de cercle pour les milliards, un arc de cercle au-dessous pour les millions. Pour les milles et les centaines les signes restent les mêmes qu'à la machine.

Exemple :

3.004.005.600   s'écrira :   3 4 5/6-

MOTS USUELS

I	*une* (à la main)		tàf	*toul à fait*
un	*une* (à la machine)		tj	*toujours*
lql	*lequel ;laquelle lesquels*		oj	*aujourd'hui*
opd	*auprés de*		sad	*c'est-à-dire*
v	*vous*		)	*des mal*
n	*nous*		(	*plus*
dv	*de vous*		(	*plusieurs*
dn	*de nous*		np	*n'est pas*
àn	*à nous*		t	*tout tous*
àv	*à vous*		tt	*toute toutes*
M	*Monsieur*		pd	*pendant*
Ms	*Messieurs*		q	*qui, que, quoi.*
Me	*Madame*		?	*est-ce que*
Mes	*Mesdames*		q?	*qu'est-ce que*
Ml	*Mademoiselle*		q?o	*qu'est-ce qu'on*
Mls	*Mesdemoiselles*		q?i	*qu'est ce qu'il*
jm	*jamais*		q?e	*qu'est-ce qu'elle*
tal	*tout à l'heure*		i	*il*
L	*leur leurs*		e	*elle*
Lq	*lorsque*		o	*moins*
dq	*depuis*		P?	*presque*
;	*il y a*		Pq	*pourquoi*
n;	*il n'y a*		Psq	*parce que*
,vé	*il y avait*		spd	*cependant*
oct	*au contraire*		pùq	*puisque*
av	*avec*		ql	*quel quelle*
bc	*beaucoup*		'	*sur*
7	*cet cette*		,	*sous*
-	*été était*		ttf	*toutefois*
jq	*jusque jusqu'a*		tt	*toute*
nt	*notre*		u	*un*
aP.	*aprés*		vs	*voici*
qq.	*quelque*		vl	*voilà*
			qqf	*quelquefois*

PREMIÈRE LEÇON (1)

REGLE N° I

En **Simpligraphie** :

— La ponctuation est supprimée.

— Les " à la ligne " et les points s'indiquent par des espacements.

— *C'est le son et non l'orthographe qui compte.* Par exemple, ai, aient, est, et, hé, ch, équivalent à *é*. L'h muet est supprimé. *Ph* comme dans phare, photographe, etc... s'écrit *f*. Y se rend par la lettre *i*; w, prononcé *v*, se rend naturellement par la lettre *v*.

— Les voyelles sont supprimées en tant que voyelles, sauf au début d'un mot ou dans le cas tout à fait exceptionnel de confusion. En terminaison, seule la voyelle *é doit toujours être exprimée.*

— Les consonnes se prononcent comme si elles étaient suivies de l'e muet.

Exemples :

parole	s'écrit	prl	et se prononce	perele
femme	»	fm	»	feme
nomade	»	nmd	»	nemede
mélodie	»	mld	»	melede
deviner	»	dvné	»	devener
carotide	»	crtd	»	keretede

— Huit consonnes ont une signification particulière. Ce sont :

c	qui se lit	*ke*
g	»	*gue*
h	»	*che*
k	»	*cle* ou *gle*
n	»	*ne* ou *gne*
q	»	*cle*
x	»	*ax, ex, ix, ox, ux, exa, exe, exi,* etc...
w	»	*ou*

---

(1) *Note importante.* — Se reporter dès la 1ʳᵉ leçon à la liste des mots usuels qui se trouve en tête de la méthode.

Remarques :

Le c doux, comme dans cire, garçon, cèdre, cerise, s'écrit *s*.

Le g doux, comme dans genoux, genièvre, angélique, s'écrie *j*.

Le s doux, comme dans maison, poison, cerise, oraison, s'écrit *z*.

Exemples :

querelle	s'écrit	**crl**	et se prononce	kerele
colonne	»	**cln**	»	kenele
guide	»	**gd**	»	uede
ligne	»	**ln**	»	legne
chapeau	»	**hp**	»	chepe
chemise	»	**hmz**	»	chemeze
cloche	»	**kh**	»	cleche
glaive	»	**kv**	»	gleve
niveau	»	**nv**	»	neve
guigne	»	**gn**	»	guegne
secte	»	**sq**	»	secte
docte	»	**dq**	»	decte
acte	»	**aq**	»	acte
acclame	»	**akm**	»	acleme
peigne	»	**pn**	»	pegne
règne	»	**rn**	»	regne
jaloux	»	**jlw**	»	jeloux
bijoux	»	**bjw**	»	bejoux
exhumer	»	**vmé**	»	exemer
excuse	»	**xcz**	»	exkeze
exiger	»	**xjé**	»	exejer
exigu	»	**xg**	»	exegue

EXERCICES DE LA REGLE I

L'élève écrira et lira les mots suivants :

agneau - anneau - bureau - chalumeau - hameau - museau - niveau - esclave - cliché - bossage - clichage - cligner - coccinelle - querelle - colonne - guide ligne -

crl an kbl an br khé
kv gn os alj écnx élj
khj hlm eskv gh fzlj ks
aln gt xkmé am kné
cxnl bsj mz nv cln
étlj xq épkt kh ln gd

chemise - cloche - glaive -
guigne - éloge - épiglotte -
épidémie - épinoche - équi-
noxe - étalage - exact - excla-
mer - fuselage - gâchis - ga-
loche - gâteau - glace - glis-
sade - globule - habit - ha-
leine - halage - hausse - hélice - hémicycle - muscle
- phalène - phase -
phénomène - philosophe -
phoque - phtisie - phyloxéra
- police - racine - claque - cla-
rinette - classe - clause - clavicule - cocagne - glucose -
glycine - godiche - hache -
habitude - hexagone - homi-
cide - homogène - humecter
- humide - juge - collecte -
délecter - peigne - règne -
éteigne - calèche - lécher -
exclu - excuse - exhiber - exi-
ger - exode - poule - houppe
- chaloupe - ciboule - dégoût
- épouse - jalouse - bouche -
boucle.

hmz   éls   msk   ab   épdm
ksd   glh   épnh   ómsk
bwh   gdh   épwz   krnt   jlwz
jj   dgw   pn   fz   ccn   fln
kcz   rn   clh   rsn   fc   fnmn
kc   flxr   étn   lhó   xcz   xbé
wp   omsd   pwl   omjn   xk
abtd   hlwp   clq   sbwl   ksn
umqé   dlqé   xjé   umd   xgn
ah   flzf   kvcl   ftz   pls   xd
ks   kz   bwk.

THEME

Cet homme s'est démis la
clavicule. - Le phyloxéra est
l'ennemi de la vigne - La
cloche sonne la messe. - Aux
équinoxes et à la nouvelle
lune, la marée est très
forte. - Ce gâteau est savou-
reux. - Avec la racine
de guimauve on fait de la
pâte et du sirop. - L'ou-

VERSION

ló   forains   o   xbé   un
   fnmn
lpdm   d   cclh   a   fé   bc   d
   rvj
l   flxr   é   lnm   d   l   vn
s   gt   é   svwr
lwt   d   bucheron   é   un   ah
l   kh   sn   l   ms
7   om   sé   dm   l   kvcl
i   jl   à   ks   7   ané

til du bûcheron est une hache.-L'épidemie de coqueluche a fait beaucoup de ravages. - Il gêle à glace cette année. — Cet homme a exigé des excuses de son ennemi. - Les forains ont exhibé un phénomène. - La classe est bien chauffée. - La police traque les bandits. - La salade et la ciboule poussent dans le jardin. - J'ai pêché une épinoche à la ligne. - Le soldat se bat pour sa patrie.

1 pls traque lé bandits
jé phé 7 épnh à 1 ln
7 om à xjé) xcz d so
  enm
1 sld é 1 sbwl pws dans
  1 jardin
1 sld s b P s pT
o écnx é à 1 nwvl ln
  1 mré é très forte
av 1 rsn d gmv on fé
  d 1 pt é d sr
1 ks é bien hfé

REGLE N° II

Les voyelles suivantes forment les sons, appelés nasaux. *Ces sons doivent toujours être exprimés :*

a	qui se lit	an, en
i	»	in, ain, ein
o	»	on
u	»	un
y	»	oi, aille, eille, ille, olle, ouille

Exemples :

ba	se lit	*banc*
bi	»	*bain*
lo	»	*long*
fi	»	*fin* ou *faim*
patlo	»	*pantalon*
aby	»	*abeille* ou *aboie*
dy	»	*doigt*
py	»	*poids* ou *paille*
mri	»	*marin*
ry	»	*roi*
sly	»	*soleil*
bty	»	*bataille*
vly	»	*volaille*, etc.

EXERCICES DE LA REGLE II

L'élève écrira et lira les mots suivants :

rampe - ruban - dimanche - hanche – revanche - chaland - gland – finance - commande - lavande - légende - ambulance - régence - phalange – rechange - accident - résident - bilan - déclinant - nymphe – guimpe – bulletin - chemin – chérubin - clavecin – déclin - échevin - enclin - engin - féminin - galopin - ravin - insolite - invalide - fantassin - mandarin – pèlerin - linge - anodin - aquilin - cingler – humain - hautain – berrichon – cabochon - capuchon - guignon - champignon – ronde - lumignon - amidon – gond – ballon – gondole - jonglerie - montagne - nonchalant - oncle - pontonage – songe – tondu - cocon – manchon chainon - typhon - carafon – monde – éponge – canon – chacun - commun - défunt - lunch.

brho islt nif rap rhaj
cbho rba cpho dmah bla
ablas blti glpi cmad aki
lvad rod amdo hrbi ah
andi ka gip aji ljad go
fnas rzda fmni madri oti
hapno xda rvah flaj ivld
fatsi motn siké umi hmi
hla dki lmno blo rjas
plri dkna gno lij jokr rvi
godl acli éhvi kvsi luh
tod cco dfu nohla époj
tfo cmu ok hcu cno crfo
soj hno maho mod potnj.

THEME

Ce champignon est vénéneux. - Cette montagne est haute. – La pêche aux éponges est dangereuse. - Mon oncle est médecin. - Le typhon est une trombe ma-

VERSION

l tfo é un trombe mrn q
cz tj) xda
aP lxda lé psjé o été
amné t à lablas
sé cno las d gros aji
lls d s blo tourne vt

rine qui cause toujours des accidents. - Ce galopin est tombé dans le ravin. - Voici un remède anodin qui guérira le malade. - L'Hélice de ce ballon tourne vite. – La lavande parfume le linge. - Cette guimpe et ce cabochon sont à la mode. - Après l'accident les passagers ont été emmenés tous à l'ambulance. - Son manchon est en lapin. - Dimanche j'irai à la campagne. – Cette dame a un nez aquilin. - Ces canons lancent de gros engins. - Cette auto a fait panache et les trois personnes l'occupant sont saines et sauves.

l lvad Parfume l lij
s hapno 6 vnn
l ph o 6poj 6 dajrz
s glpi 6 tobé da l .rvi
7 gip 6 s cbho so à l md
dmah jré à l capn
7 dm à u né acli
vs u rmd andi q grr l mld
so maho 6 a lpi
7 ot à fé pnh 6 l6 3 personne l'occupant so sn é sv
mo ok é mdsi
7 motn é ot

REGLE N° III

— Lorsqu'une consonne est suivie de la lettre " r " on rend cette consonne par la majuscule.

Exemples :

grive	s'écrit	Gv	et se prononce	greve
bref	»	Bf	»	brefe
hébreux	»	éB	»	ébre
brun	»	Bu	»	brun
frein	»	Fi	»	frin
froid	»	Fy	»	froi
grognon	»	Gno	»	gregnon

— Dans le cas où la consonne est séparée de la lettre " r " par une voyelle, on rend également la consonne par la majuscule.

Exemples :

Dma	se lit	*dormant*
MD	»	*mordre*
PVT	»	*pervertir*
PVb	»	*proverbe*
Bd	»	*barde*
dP	»	*départ*
Cms	»	*kermesse*
Gd	»	*garde*
Jm	»	*germe*
Jdi	»	*jardin*

EXERCICES DE LA REGLE III

L'élève écrira et lira les mots suivants :

chevreau - drapeau - écriteau - perdreau – cadavre – borgne - brèche - brocantage – cellulaire - cerclage - charbon – charmant - claire - clairon – clavecin - découdre – décombres - epreuve - esclandre – forfaiture - fougère - facture - fraticide - fromage - fructidor – gendre - germe - givre - glaire - héberger – informe - métropole - murmure - guirlande - offrande – réprimande - carmin - chagrin – gradin - jardin - trognon – cornichon - torchon - brun - parfum - fenêtre - porte - carbure - livre – chiffre - accord - partage - crime - crécelle - désir - expert – ombre – patron - refrain - réforme - ventre - vergogne - usure - marche - adresse - marchand - charge - agir – garde - guerre - chambre -

Psnj	dGP	FQ	dZ	G
Plojé	hV	jaD	Tno	Dp
Vgn	émT	GM	iFm	uZ
éCt	Gd	Bcatj	xP	PD	PPé
giBd	dcwD	Ko	oB	cnT
Bdr	églT	FTsd	slL	Ptj
aDs	cdV	FfT	aH	aP	Hma
CB	rFi	Skj	PaD	Fjl
dBcD	Jm	Bn	Cm	hF	Mha
aPiD	Fdn	Ccnl	rPmad	
Pt	rFm	mTpl	dcoB	oFad
Tho	pTo	Mh	haB	Bh	Csl
éBjé	vaT	sCT	Svs	pwT
Cmi	FM	K	dGS	Fmj
Twp	Ctn	MM	eskaD	Ctj
fwJ	Faj	FqD	lV	Gdi
Bu	Glad	Hbo	Gpi	K	aJ
aC	Cnho	hGi	fnT	Jdi
éPv	Pfu	jV	Hj	

prolonger - cretonne - bro-
derie - croquignole - secrétaire - débarcadère - cortège
- déguerpir - troupe - dégros-
sir - préparer - égalitaire -
enchères - émettre - prendre
- empreindre — connaître -
empire - poutre - fragile -
frange - fredaine - frémir -
grammaire - grapin -
service - guimbarde - personnage

THEME	VERSION
Cette mère a perdu son fils à la guerre. – Parmi les décombres il y avait beaucoup de cadavres. – La porcelaine est faite avec de l'argile – Cette homme prête avec usure. – Le drapeau flotte au vent et le clairon sonne. – L'obus a fait une énorme brèche dans le mur. – Ce château sera vendu aux enchères. – Ce bambin étudie la grammaire. – Le patron a nommé un expert. – Le fratricide aura beaucoup de remords. – Les soldats chantent un refrain populaire. – Il faut manger pour vivre et non vivre pour manger. – La broderie madère est fort jolie. – Les fenêtres de ma chambre donnent sur le jardin. – Le récit de ce crime nous fait frémir. – J'ai rangé mes lettres dans mon	lb a fé un éNm Bh da l M lé sld hat u rFi ppL 7 M a Pd so fs à l G s Mha a été P a Flagrant dl d vl l vl d Msy é Té aqv l Bdr mD é F jl jé rajé mé lT da mo sCT Pm lé décombres ;vé bc d cdV s ht sr vad o aH s Psnj a éBjé u iG s hp sr Gn dn Glad d rz l rs d s Cm n fé FM l Psln é ft av d Ljl s babi étd l GM 7 om Pt av uZ l pTo a nmé u xP l FTsd or bc d rM i f majé P vV é no vV P majé l Dp flotte o va é l

secrétaire. – Ce personnage a hébergé un ingrat. – Ce marchand a été pris en flagrant délit de vol. – Ce chapeau sera garni d'une guirlande de roses. – La ville de Marseille est très active.

Ko sn
lé fnT d m haB dn sur
l Jdi

REGLE N° IV

En conformité de la règle précédente le son " *our* " est rendu par W et le son " *oir* " par Y.

Exemples :

jour	s'écrit :	jW
balourd	»	blW
bravoure	»	BvW
labour	»	lbW
calembour	»	clabW
fourbe	»	fWb
courbe	»	cWb
abattoir	»	abtY
baignoir	»	bnY
laboratoire	»	lbrtY
répertoire	»	rPtY
offertoire	»	oFtY
promontoire	»	PmotY
glissoire	»	ksY
croire	»	CY
boire	»	hY

EXERCICES DE LA REGLE IV

L'élève écrira et lira les mots suivants :

abat-jour - alentour - amour - autour - bonjour - calembour - bour - carrefour - cour - détour - four - humour - jour - labour - pourtour - retour - séjour - topinambour - tour-

TtY cWb pWtW abjW TY
étnY arzY amW alatW fW
tWb FmY bnY otW MY
dtW cwlY fWb cW ChY
bojW PmnY clabW rZvY
CfW FtY umW dvY PlY

troubadour - vautour - four-
che - fourbe - courbe - tourbe
- bourde - sourd - bravoure -
bourg - débours - parcours -
velours — secours - abattoir -
abreuvoir - arrosoir - bai-
gnoir - boudoir - bougeoir -
couloir - crachoir - devoir -
dortoir — échaudoir - étei-
gnoir - fermoir - frottoir -
grattoir - laminoir - lavoir -
miroir - mouchoir - parloir -
peignoir — perchoir - polis-
soir - promenoir - rasoir -
reposoir - réservoir — sautoir
- séchoir - tiroir - trottoir.

DtY	rtW	éhdY	TwbdW
GtY	vtW	bwjY	tW
bwdY	stY	sjW	lbW
jW	PcW	fWh	BvW sW
vlW	rpzY	PhY	pnY
bWd	scW	plsY	dbW
PsY	rzY	shY	lmnY lvY
abtY	aB``Y	mhY	tpnabW
bW			

THEME

Le coup d'Etat du 18 Fructidor fut exécuté par le di-
rectoire. - L'amour maternel
est le plus bel amour. - Ce
couloir est étroit et sombre. -
Son peignoir est kimono. -
Les chevaux vont à l'abreuvoir. — J'ai vu un chapeau
de velours noir très joli. - Le
réservoir est tari. - Ce carrefour est dangereux à traver-
ser. - Les élèves montent au
dortoir lorsque leurs devoirs
sont terminés. - Le fermoir
de ce sac est ciselé. - Ce
cours d'eau décrit une grande
courbe. - Le vautour est un
oiseau de proie. - Le monde
entier a admiré la bravoure
de nos soldats. - Vouloir
n'est pas toujours pouvoir. -

VERSION

lmW mTnl é l (bl amW
l rZvY é tr
s cours d'eau dC un Gad
  cWb
lé hv vo à lBvY
l mod entier a adMé l
  BvW d n sld
P obtN d vnG o fé
  éGR d vi
l rzd dgj u Pfu Té
  dw
j vé éCR uu log lT
jé v u hp d vlW uY
  Té jl
s CfW é dajr à TVsé
s cwlY é étroit é soB
lé élv mot o DtY Lq
  L dvY so Tmné
l Fm d s sc é szlé
l vtW é u yz d Py

Le reséda dégage un parfum très doux. - Trahir son frère est un crime. - Ce régime fait beaucoup maigrir. - Les allemands avaient résolu d'envahir la France. - Pour obtenir du vinaigre on fait aigrir du vin. - Je vais écrire une longue lettre. - Ce cheval court ventre à terre.

so pnY ó cmu wlY np tj pwvY l cw dt d 18 FqD f exécuté P l drqY Trahir so frère é u Cm s hvl cW vaT à T s rjm fé bc maigrir lé allemands avé rzl d'envahir l Fas.

REGLE N° V

— La barre verticale (*à la main*) et le point d'exclamation (*à la machine à écrire*) rendent " *fl* ".

Exemples :

fleuve	s'écrit	!v
flaque	»	!c
flou	»	!w
flacon	»	!co
flagrant	»	!Ga
flambeau	»	!ab
flambons	»	!abo
flammèche	»	!mh
flèche	»	!h

REGLE N° VI

— Les terminaisons *ar, er, ir, or, ur, eur,* seules, se rendent par " *R* ".

Exemples :

frère	s'écrit	**FR**
écrire	»	**éCR**
courir	»	**cWR**
traire	»	**TR**
aigrir	»	**éGR**
chérir	»	**HR**
défleurir	»	**d!rR**
murir	»	**MR**
cœur	»	**cR**
sœur	»	**sR**
beurre	»	**bR**
fleur	»	**!R**

EXERCICES DES RÈGLES V ET VI

L'élève écrira et lira les mots suivants :

nèfle - trèfle – rafle – persifler – renifler – siffler - afliger - infliger - giroflée - bufle - frère - envahir - trahir – écrire obéir - accourir - ahurir - aigrir - amaigrir - appauvrir - défleurir – flétrir - offrir - - mirliflore - maigrir - avaleur – brûleur - cajoleur - chaleur - ciseleur - colleur - écornifleur - emballeur – enjôleur – fleur - niveleur - oiseleur - pâleur - persifleur - querelleur - râcleur – racoleur - recéleur - renifleur - sarcleur – siffleur - valeur - beffroi - effroi - envoi - octroi - roi - soi - claire-voie - lamproie - proie - coiffe - éloigner - étoile - moelle - poêle - toile - voile - avoine - cha-

T!	r!	Ps!é	!TR	d!rR
oFR	acWR	FR	TR	slé
i!jé	éCR	amGR	M!!R	
apVR	jr!	rn!é	a!jé	obR
b!	avR	mGR	pTR	éGR
n!	!R	éCn!R	SkR	h!R
p!R	c!R	B!R	rkR	v!R
nv!R	ab!R	cj!R	av!R	
rs!R	aj!R	sz!R	yz!R	rc!R
s!R	rn!R	Ps!R	cr!R	bty
aPy	ty	cny	évy	
vmy	Py	fy	Mvy	mTy
smy	My	agy	bFy	smy
Cny	py	Ty	tny	eFy	sy
cy	rmy	oQy	Fy	mdy
ry	laPy	écy	avy	Kvy
rPzy	ozy	Mmy	Gzy	bcy
Py	élyn	cDy	aby	rpy
tyl	Cby	vyl	lmy	pyl
Gzy	myl	cmmy	vly	
My	cyf	Tpy	sly	vny

noine - macédoine - patri-
moine - péritoine - pivoine –
bataille - caille - canaille -
écaille – faille – ferraille -
futaille - grisaille - limaille -
marmaille - médaille - mitraille - muraille - paille -
représaille - rimaille - ri-
paille - semaille - taille -
tenaille - valetaille - volaille -
accordailles – funérailles –
appareil - éveil - pareil –
soleil - vermeil - abeille
- corbeille - corneille –
groseille - merveille -
oseille - treille - aiguille –
anguille - béquille - camo-
mille – chenille - cheville -
coquille - famille - faucille –
fille - flottille-gentille - grille-
guenille - jonquille - lentille -
morille - quadrille - ramille -
quille - torpille - vanille -
vrille - pétrir.

vlty hny hvy ccy fmy
fsy fy fty Vy laty !ty
jaty Gy gny jocy cy
aCdy fNy étyl avyn
hnyn msdyn pTmyn prtyn
pvyn égy

<h2 style="text-align:center">EXERCICES DE LA REGLE V</h2>

THEME	VERSION
Le beffroi d'Arras a été démoli par les obus. - Les droits d'octroi sont d'un gros rapport pour l'Etat. - L'étoile polaire brille d'un vif éclat. - L'écaille de tortue sert à faire de jolis peignes. - La robe de cette jeune fille est en faille. - Ce pinson dans la treille fait de jolis trilles. - Les semailles se font à l'au-	lé smy s fo à ltn lé Dy dQy so du G rP P lt s piso da l Ty fé d jl Ty 7 ptt fy à) jw Vmy l rb d 7 jn fy é a fy tt l !ty a lvé laC lé My so) hapno F rHhé

tomne. - L'hiver est le sommeil de la nature. - Le soleil brille pour tout le monde. - Ce mutilé marche avec des béquilles. - Cette petite fille a des joues vermeilles. - Les morilles sont des champignons fort recherchés. - Le long de la muraille grimpe une treille que dore le soleil. - Les funérailles du roi ont eu lieu en grande pompe. - Dans le parterre il y a une corbeille de jonquilles. - Toute la flottille a levé l'ancre. - Ce soldat a gagné la médaille militaire sous la mitraille. - Cette porte est à claire voie.

da l PT ; un Cby d jocy
ltyl pL By du vf ék
l sly By P t l mod
l bFy d'Arras à été dml P lé ob
lV é l smy d l nT
s mtlé Mh av) bcy
lcy d Tt S à F d jl pn
lé fNy d ry o u lieu a Gad pop
7 Pt é à K vy
s sld a gné l mdy mlT sous l mTy
l lo d l My Gip un Ty q Dl sly

EXERCICES DE LA REGLE VI

THEME

Il fait aujourd'hui une chaleur torride. - On voit dans les foires des avaleurs de sabre. - La rose est la reine des fleurs. - Le soldat meurt pour la France. - Ce chœur est très joli. - Le colleur d'affiches est tombé de son échelle. - Il n'y a pas de bonheur parfait. - Les gens querelleurs ne sont pas aimés. - Ce ciseleur est renommé. - Cette femme a au front la pâleur de la mort. - Le recéleur et le voleur sont emprisonnés.

VERSION

l rz é l rn) !R
l clR dfh é tobé d so éhl
l sld mR P l Fas
7 fm à o Fo l plR d l M
i fé oj un hlR trd
s cR é Té jl
n; p d bnR Pfé
o vy da lé fY) avlR d sB
l rslR é l vlR so aPzné
s szlR é rnmé
lé ja crlR n so p émé.

DEUXIÈME LEÇON

REGLE N° VII

— Dans deux cas seulement une voyelle suivie de " *r* " se rend par la majuscule : *1° Lorsque cette voyelle est placée au début d'un mot. 2° Lorsque cette voyelle est immédiatement précédée d'une autre voyelle.*

Exemples:

art	s'écrit	**A**
arbitre	»	**AbT**
arche	»	**Ah**
hareng	»	**Aa**
orange	»	**Oaj**
orme	»	**Om**
herse	»	**Es**
hurlant	»	**Ula**
urgent	»	**Uja**
ourlant	»	**Wla**
ordinaire	»	**OdN**
architecture	»	**AhtQ**
horloge	»	**Olj**
horreur	»	**OR**
erreur	»	**ER**
horticole	»	**Otcl**
aéré	»	**aEé**

Toutefois lorsque la lettre " r " est suivie elle même d'une voyelle, ou son de voyelle, la règle ci-dessus n'est pas applicable.

Exemples :

aride	s'écrit	ard
arrogant	»	arga
éraflure	»	ér!R
érésipèle	»	érzpl
oracle	»	ork
orage	»	orj
oripeau	»	orp
ironie	»	irn
ériger	»	érjé
arabe	»	arb etc.

EXERCICES DE LA REGLE VII

L'élève écrira et lira les mots suivants :

arbitrage – arbitraire – arcade - archange - archevêque - architecte – architecture – ardent - ardoise - argent – aride - harde - arrachage – arracheur - arrogant - artère - artichaut - article – artilleur – érafler - éraflure - érailler – érésipèle - ergot - ériger - ermitage - errant - erreur - ironie - hermine - hirondelle - hirsute - horaire - horloge - horreur - hors d'œuvre – horticole - oracle - orage – orge - orange - oratoire - ordinaire - oreille - oreillons - oriflamme - orme - oripeau – orphelin – orteil - harangue

AtyR ér!R Acd érzpl érjé AhtQ ortY Iodl arhj AT OR orp Oyo Ea Adyz Eyé orj AbTR Acaj arhR arga OR Oty Ofli Ist Emn Ada Ahvc Eg erlé ER Oaj Emtj Ahtq Atk Aag Aa An ard Apj Aja Olj Om OdN Oy irn Ath AbTj orlm Oj ApnR O dV ork Otcl Anhé Amnc Ad AnhR Apo Ané

hareng - hargneux - harmo-
nica - harnacher - harna-
cheur - harnais - arpège -
harpon - harponneur.

THEME	VERSION
Ce garçon querelleur a tou-jours les cheveux hirsutes. - Ce tour de cou est en her-mine. - A Strasbourg il y a une horloge qui est une mer-veille. - Cet archevêque a un grand talent oratoire. - Cet hermitage a été en grande partie détruit par un orage sans précédent. - Cet orphe-lin n'est vêtu que de hardes.- Cette terre est aride. - Le coq en colère se dresse sur ses ergots. - Cette étoffe est mauvaise car elle s'est éraillée. - Cette blessure est très légère car elle n'a fait que des éraflures. - Cette chatte est hargneuse. - Ce cheval est bien harnaché. - Je vais travailler mes ar-pèges. - Dans la commune où j'habite on va ériger un monument à la mémoire des Morts pour la Patrie. - Cha-que année les hirondelles font leur nid sous mon toit.	7 T é ard à Strasbourg ; un Olj q é un Mvy 7 ht é Anz hc ané lé Iodl fo L n sous mo ty l cc a cL s Ds sur sé Eg 7 Ahvc à u Ga tla ortY j vé Travailler mé Apj 7 étf é mvz C e sé Eyé 7 Emtj a été a Gad Pt détruit P u orj sans Psda da l cmn w jbt o v érjé u monument à l mmY) M P l pT 7 blessure é Té lJ C e n fé q) ér!R 7 Ofli né vt q d Ad s hvl é bien Anhé s tW d cw é a Emn s Gso crlR à tj lé hv Ist

REGLE N° VIII

— Lorsqu'une voyelle ou son de voyelle, ainsi que les sons " *oi* " et " *ou* ", sont suivis de :

ssan   tan   zan   ctan   ou de   *sson   ton   zon   clon*

on met l'accent circonflexe sur la voyelle ou son entendu.

Exemples :

passant	s'écrit	pâ
posant	»	pô
causant	»	cô
ahurissant	»	aUî
toussant	»	tŵ
croissant	»	Cŷ
flottant	»	!ô
autant	»	ô
rasant	»	râ
médisant	»	mdî
méprisant	»	mPî
habitant	»	abî
palissant	»	plî
jaillissant	»	jŷ
glissant	»	kî
caressant	»	Cê
leçon, laissant	»	lê
marmiton	»	Mmî
rejeton, rejetant	»	rjê
rogaton	»	rgâ
flottaison	»	!tê

EXERCICES DE LA REGLE VIII

L'élève écrira et lira les mots suivants :

agonisant - amusant - baptisant – causant – cicatrisant – déposant – exposant – imposant - médisant - méprisant – opposant - pesant - présent - proposant – battant - broutant - débutant – écla-

hô plî mPî Cŷ aBâ Mî
tê pê mê Mmî xpô lê
avlî gâ nWî cô cê dVtî
kŵ kŷ Pê Mlî ipô jê
agâ mŷ mdî pmŷ !ô
mlê dmajê Hî cô scTî
Cŵ Badî fyê iknê Bî

tant - flottant - habitant - humectant - impotent - méritant - jaillissant - permutant - persécutant - prétant - végétant - adressant - agaçant - amortissant - attendrissant - avilissant - brandissant - caressant - chérissant - croissant - divertissant - embarrassant - florissant - glapissant - glissant - innocent ‾ jaunissant - lassant - nourrissant - palissant - salissant - rugissant - boisson - triton - caisson - chausson - cresson - écusson - frisson - moisson - nourrisson - paillasson - poisson - polisson - saucisson - tesson - bison - cargaison - cloison - déclinaison - démangeaison déraison - exhalaison - fenaison - floraison - flottaison - foison - garnison - gazon grison - guérison - inclinaison - livraison - lunaison - maison - oison - pamoison - pendaison - poison - prison - saison - raison - salaison - terminaison - tison - toison - venaison - baryton - béton - bouton - caneton - chaton - coton - crouton - dicton - feuilleton - hanneton - jeton - laiton - leçon - marmiton - mirliton - miroton - molleton - mouton - rejeton - rogaton.

bŷ !ri Ppó rji bì padê kpi dbû hâ écû Cê agní !rê Pi bâ opó Fi pyâ là lè ssi pŷ dpó Pè Bŵ rê Cgé inó jni abî Mó tî sè umê aMti Pmû btî vjé amû kí ékâ pŷ ŷ lVê Gî Tî Dé tŷ slê ané dî cnê bê vnê Gni aDè Pscû ipó jyî slì nWi xlê plì dkné fnê !tê Tmnê àDì lnê fŷ bŵ mŵ rjê rgâ Gî Cê.

THEME	VERSION
Cette maison a été construite par un architecte renommé. - La lecture de ce feuilleton est très amusante. - En exposant ses idées d'un air imposant ce philosophe nous a convaincus. - Ce nourrisson a une mine florissante. - Cet homme mis en prison est innocent. - En glissant sur le paillasson, je me suis heurté la tête à la cloison. - La personne habitant cette maison est impotente. - Ces jeux sont tout à fait divertissants. - En persécutant Charles VI on lui fit perdre la raison. - La ligne de flottaison de ce navire est très apparente. - Le cresson pousse à foison près de cette source. - Ce chien est caressant aussi l'aimons-nous beaucoup. - Ces oriflammes portent de jolis écussons. - En cautérisant la coupure nous en aurons aussitôt la guérison. - Cette terminaison est très embarrassante. - En causant du présent il faut songer aussi à l'avenir.	7 Tmnê é Té aBà 1 ln d !tê d s nV é Té aPa 7 om m a Pí é inó sé or!m Pt d jl écû sé j so taf dVtí 1 Psn abì 7 mê é ipó s chien é Cé os lmo n bc a Pscû Hl 6 o lui f PD l rê 7 mê a été construite P u Ahtq rnmé s nWî à un mn !rí a cô d Pê i f sojé os à lvN 1 Cê pws à fŷ Pé d 7 sWs a kî sur l pyà j m suis Rté l tt à l kŷ a cTî l cwP n a Oo ost l Gî 1 lQ d s fyê é Té amû a xpô sé idé du E ipó s flzf n a convaincus.

REGLE N° IX

Lorsqu'une voyelle ou son de voyelle, ainsi que les sons
" *oi* " et " *ou* " sont suivis de :

sseur, teur, zeur ou *cteur*

on met le tréma sur la voyelle ou son entendu.

Exemples :

tuteur	s'écrit :	tü
tracteur	»	Tä
chasseur	»	hä
flatteur	»	!ä
acteur	»	ä
docteur	»	dö
serviteur	»	Svï
moteur	»	mö
armateur	»	Amä
facteur	»	fä
croiseur	»	Cÿ
agitateur	»	ajtä
collecteur	»	clë
magnétiseur	»	mntï
jaseur	»	jä
gloseur	»	kö

EXERCICES DE LA REGLE IX

L'élève écrira et lira les mots suivants :

agresseur - bâtisseur - brasseur - brosseur - brunisseur - chasseur - dégraisseur - enchérisseur - épaisseur - fournisseur - grosseur - oppresseur - pétrisseur - professeur - ravisseur - régisseur - repasseur - tresseur - vernisseur - abuseur - attiseur - briseur - causeur - croiseur - diseur - diviseur -

fodä	Bnï	sdü	tÿ	ö	aDë
Pfë	!ü	Gö	snä	Pcnï	dGä
rpä	atï	aGë	mntï	Bä	dvï
écÿ	txä	aHï	Pvï		ahë
pTï	slsï	!ä	kö	aFë	Të
Cÿ	amä	aCdï	écw̌		lü
fWnï	épë	ä	Amä		Fö
Pdü	uZpä	dmnä			oPë
adMä	Svï	jä	mrlï		abä
clë	Vnï	abü	édï	dö	r!ë
Dë	oPä	Bö	dï	btï	xLä

gloseur – jaseur - magnéti-
seur - moraliseur - préconi-
seur – proviseur - toiseur –
abatteur - accélérateur – ac-
créditeur - acheteur - acteur -
admirateur - adorateur - af-
fréteur – agitateur - amateur
- appariteur - armateur – trac-
teur - collecteur – dévorateur
– dictateur – diffamateur –
directeur – docteur – domi-
uateur - écouteur - éditeur -
équateur - ergoteur – flatteur
flûteu - fondateur - frot-
teur - hauteur - lecteur - lut-
teur - moiteur – opérateur –
numéroteur - orateur - pro-
ducteur - rédacteur - secteur
usurpateur -- tricoteur -- ré-
flecteur - trotteur - sénateur-
serviteur - séducteur - taxa
teur - solliciteur

rjÏ Bï Tä aPï ajtä hä
rvï cö dVä lö Egö Tö
dfmä Tcö dqä mÿ Oä
nMö së rdä

THEME

Ce docteur est très méri-
tant d'avoir sauvé cet agonisant. - Le directeur de cette
usine est un grand brasseur
d'affaires. –Cet acteur a beaucoup d'admirateurs dans la
salle. - Le rédacteur de cette
gazette a fait des articles très
sévères contre les agitateurs
de la grève et ils ont tous été
punis. – Il ne faut jamais
juger la valeur d'un livre sur
l'épaisseur du volume. -Ap-
prenez que tout flatteur vit
aux dépens de celui qui

VERSION

aPné q t lä v o dpa d
   celui q lcwt
7 lê v bien u Fmj sans
   dwt
l métier dPä d snm
   é Pfy dajr
l ln d lcÿ é un ln imjN
   q sP l T a 2 Pt
s dö é Té Mï dvY své
   7 agnï
lé Pfö é l Pvï d lycée
   s so réunis da l
   cbné d Dö
l rdä d 7 gzt a fé)
   Atk Té sV contre lé

l'écoute. Cette leçon vaut bien un fromage sans doute. - Le métier d'opérateur de cinéma est parfois dangereux. A l'arrivée de la police les agresseurs ont pris la fuite. - La ligne de l'équateur est une ligne imaginaire qui sépare la terre en deux parties. - Le fondateur de cette ligue est un docteur en renom.- Les professeurs et le proviseur du lycée se sont réunis dans le cabinet du directeur. - Les solliciteurs ont été tous évincés.

ajtä d l Gv é i o t été
  pn
lé slsï o été t évincés
i n f jm jjé l vlR du
  lV sur lpë d vlm
à lrvé de l pls lé aGë
  o P l f8
l fodä d 7 lg é u dö
  a rno
7 ä a bc ddMä da l sl
l Dë d 7 uzn é u Ga
  Bä dF

REGLE Nº X

— Les sons *ssan, tan, san* ainsi que les sons *sseur, teur, seur*, peuvent être employés isolément et représentés par l'accent circonflexe ou le tréma suivant le cas.

Exemples :

perçant	s'écrit	P^
commerçant	»	cM^
versant	»	V^
sandale	»	^dl
sangle	»	^k
sanguin	»	^gi
sentinelle	»	^tnl
sentir	»	^T
tambour	»	^bW
tangage	»	^gj
tempête	»	^pt
température	»	^prT

perceur	s'écrit	P··
insulleur	»	isl··
porleur	»	P··
herseur	»	E··

EXERCICES DE LA REGLE X

L'élève écrira et lira les mots suivants :

sandale - sangle - sanguin - sentinelle - sentir - tambour - tampon - tanche - tangage - tante - tempe - tempérant - tempête - tendre - tentacule - absent - commerçant - perçant - partant - sanglotant - versant - herseur - perceur - insulteur - porteur.

^D ^T V^ P·· ^kȯ ^t
^dl ab^ ^pt P·· ^h ^po
^k ^tcl ^gj ^p cM^ E··
isl·· P^ ^tnl ^bW ^Pa
^gi P^.

THEME

Ces titres sont au porteur. - Les poulpes ont de nombreux tentacules avec lesquels certaines peuvent étouffer un homme. - Nous nous sommes donné rendez-vous avec des amis sur le versant de cette colline ; l'un d'eux étant malade était absent. - Pendant les tempêtes le tangage est violent. - En Allemagne les sentinelles sont relevées au son du tambour. - Pendant la guerre l'armée française était desservie par différents secteurs postaux.

VERSION

pd lé ^pt 1 ^gj é violent

n n sm dné radé v av) am sur l V^ d 7 cln lu d mld était ab^

pd 1 G Lmé Fasz était dSv P dFa së postaux

a almn lé ^tnl so rlvé o so d tabW

lé pwlp o d noB ^tcl av lql Stn pv étwfé u om

sé tT so o P··

REGLE N° XI

— Une voyelle suivie de : *tion, ssion, nssion, ction, ption, nction, lsion, rsion*, et analogues se rend par la majuscule :

A - rend *ation, assion, anssion, action, aption, anction.*
    »   *alsion, ersion.*

E - »   *etion, ession, ection, eption, elsion, ertion.*

I - »   *ition, ission, inssion, iction, iption, inction,*
    »   *ilsion, irsion.*

O - »   *otion, ossion, onssion, oction, option, onction,*
        olsion, orsion.

U - »   *ution, ussion, unssion, uction, uption, unction,*
    »   *ulsion, ursion.*

Exemples :

fraction	s'écrit	**FA**
sanction	»	**sA**
section	»	**sE**
perception	»	**PsE**
perfection	»	**PfE**
mission	»	**mI**
tradition	»	**TdI**
extinction	»	**xtI**
émotion	»	**ém**
émulsion	»	**émU**
fluxion	»	**!U**
ponction	»	**pO**
possession	»	**psE**
détention	»	**dtA**
sensation	»	**^sA**
tuméfaction	»	**tmfA**
ration	»	**rA**
aération	»	**aEA**

Nota :

Ce dernier exemple *aEA*, résume toutes les règles des voyelles. En effet, au début du mot la voyelle *a* subsiste ; la voyelle *e* qui suit immédiatement et qui est suivie de la lettre *r* s'écrit en majuscule ; et enfin la finale *ation*, se traduit suivant la règle précitée par *A*. L'élève remarquera que toute confusion est écartée s'il observe les règles.

Remarque :

— Lorsque la finale *"eur"* suit les sons assion, ission, ossion, ussion et analogues on met le tréma sur la voyelle majuscule qui représente un de ces sons :

Exemples :

sectionneur	s'écrit	sË
collectionneur	»	clË
fractionneur	»	FÄ etc.

EXERCICES DE LA REGLE XI

L'élève écrira et lira les mots suivants :

abolition - acclamation - accumulation – acquisition – addition - adhésion - admiration - admission - adoption - adoration – adulation - affectation - affirmation - affliction - agitation - agression - allégation - allocation - allocution - allusion - ambition - amputation - animation - annexion - annotation – annulation – appellation - approbation - approximation - argumentation - articulation - ascension - assignation - assimilation - attention – attribution - audition - aversion - bifurcation - capitulation - carnation – caution - célébration - cessation - citation - classification - collation - collection - collision –

aGE	admI	afqA	ablI
aptA	antA	lg A	aPAb
adI	akmA	aczI	alcU
aPxmA	AtclA	abI	adE
aDA	adMA	AgmatA	adO
a!I	aplA	alcA	anmA
acmlA	ajtA	adlA	aFmA
alU	anE	anlA	asA	asnA
cptlA	cO	avE	atA	asmlA
aTbU	ksfcA	clA	ssA
odI	bFcA	slBA	stA	clE
clI	cmI	CnA	cmO	CPA
dKA	dfnI	dCA	ctzA	CU
dkmA	ddU	dGdA	dptA
dfmA	!U	xpdI	FI	xpU
ivA	lxA	dmnU	dtA	EO
FmA	ilU	imtA	fU	FmatA
dvI	djE	dltA	xE	élcU
eFA	EU	dpzI	dmlI	xcU
xtA	fO	XtA	xPE	jn!E
FA	xkmA	dmA	DE	dfU
dvE	xkU	élvA	dmI	dlgA

commission - commotion – corporation-corruption-cotisation - déclamation-déclaration - décoration-déduction - définition-dégradation-délégation - démission - démolition - déposition-députation - diffamation - diffusion - digestion - dilatation - dimension - diminution - direction - diversion – division - dotation - effraction – effusion – élection – élévation – élision - élocution – émotion – érosion - éruption - exception - exclamation - exclusion - excursion - exhortation – expédition-expression - expulsion - extension – fabrication – fermentation – fluxion – fonction - formation - fraction - friction - fusion - génuflexion - illusion – imitation - invention - irrup ion – locution - luxation.

éIE éII émO fBcA IU
lcU éfU.

THEME

Par son allocution très claire, cet orateur a empêché toute agitation. - Ce jeune homme a donné toute satisfaction à son patron qui l'a récompensé par une gratification. – En 1918 nous avons assisté avec joie à la capitulation de l'Allemagne. - Ce Professeur dirige un cours de déclamation. - Cette élève

VERSION

a 1918 n avo aßté av
  jy à 1 cptIA d llmn
1 Fas é 1 pays) Gad
  ivA
bien) sld d 1 Gad G
  o sb) aptA aFz
7 om é cadd à 1 dptA
1 vzv é tj a ÈU
1 haB) Députés a dné
  son aPbA unnm o
  nwv Pjé d ly

travaille nuit et jour pour son admission à l'Ecole Normale. - Cet homme est candidat à la députation. - Cette mauvaise dent m'a donné une fluxion. - La France prend beaucoup d'extansion en Afrique. - Ce savant a perdu toutes ses illusions. - La collision de ces deux trains à la bifurcation, a causé une profonde émotion dans le village. - La France est le pays des grandes inventions - La Chambre des Députés a donné son approbation unanime au nouveau projet de loi. - Ce peintre a donné beaucoup d'expression à son œuvre. - Le Vésuve est toujours en éruption. - Une nouvelle banque va se former et j'en aurai la direction. - Bien des soldats de la grande guerre ont subi des amputations affreuses. - Les agressions nocturnes sont de plus en plus fréquentes. - Une grande partie de soldats français ont été l'objet d'une citation. - Cette méthode est couverte d'annotations. - La commission arbitrale juge les différends entre les logeurs et les logés.

un nwvl bac v s Fmé é ja Oé 1 DE

1 Fas Pa bc dxtA a Afrique

s piT a dné bc dxPE à so eV

s sva à Pd tt sé ilU

P so alcU Té K 7 Oä a aphé tt ajtA

7 élv Tvy nuit é jW P so admI à lcl Nml

1 clI d sé 2 Ti à 1 bFcA à causé un Pfod émO da 1 vlj

7 mvz da m dné un !U

s jn om à dné tt stsfA à so pTo q 1 rcopasé P un GtfcA

s Pfë drj u cW d dkmA

lé aGE nQn so d (a (Fcat

1 cmI AbTl jj lé dFa entre lé ljR é lé ljé

un Gad Pt d sld Fasé o été lbjé dn stA

7 mtd é cwVt dntA

REGLE N° XII

— Lorsqu'une consonne se trouve placée entre les sons *an an, in an, on an, un an, ou an, oi an,* on la surmonte d'un accent circonflexe.

Exemples :

chantant	s'écrit	hî
printemps	»	Pî
montant	»	mî
empruntant	»	aPî
moulant	»	mî
longtemps	»	lî
trinquant	»	Tê
épongeant	»	épĵ
enfant	»	î
enflant	»	!
gonflant	»	g!

EXERCICES DE LA REGLE XII

L'élève écrira et lira les mots suivants :

abondant - repentant - fendant - prétendant - redondant - rendant – répondant - étouffant - enfant - entrant - bouffant - fringant - penchant - touchant - tranchant - regimbant - tombant - poignant - soignant - coulant - croulant – foulant - sanglant - coûtant - pimpant – rampant - délinquant - remontrant - couvent - émouvant - commandant - arpentant - érintant - engeance - engendrer - enjamber - entendre – indépendant - ingambe - in-

sk Fĝ ĵbé pî dlê rđ fd tб Apî cv̂ pp̂ épv̂ty asđ ŝsblzä rp̂ fî rdâ T̂ rpî ĝb îD Eî cî ĝ étf̂ cmâ îtsd tî Tî rmT v̂T kê émv̂ ĵs bf̂ Ptđ rjб idpâ cî abâ rpđ sî ĵDé ogmî pî ofŝ Cî f̂.

fanticide - insensibilisateur -
inventaire - offensant - on-
guent - ascendant - augmen-
tant - clinquant - épouvantail.

THEME

Un commerçant prudent
fait son inventaire deux fois
dans l'année. - La bataille de
Verdun fut sanglante. - La
francisque était une hache à
deux tranchants. - Ce cheval
de course est fringant. - Cet
enfant a un caractère indépendant. - Dans cette vigne
les raisins sont abondants. -
La jeune fille repentante est
entrée au couvent. - Nous
sommes allés voir un drame
émouvant. - Par son courage
et sa bravoure ce soldat a
sauvé son commandant. - Le
Professeur doit avoir de l'ascendant sur ses élèves. - Le
coulant de ce sautoir est un
saphir. - Cette femme fut
emprisonnée pour infanti-
cide. - Le serpent est un
animal rampant. - Ce pim-
pant jeune homme ne veut
pas travailler. - Les débar-
deurs font un travail érintant. - Le cultivateur a mis
un épouvantail dans son
jardin et en arpentant son
champ il a attrapé un coup
de soleil. - Certains récits de
la guerre sont poignants. -

VERSION

1 Spa é u anml rp̂
1 jn fy rpî é entrée o
    cv̂
1 Pfë dy avY d lsâ
    sur sé élv
Sti rs d l G so pñ
1 nV avas vt fâ lé lm
1 vnro fé d vi a fî l
    rzi
n sm alé vY u Dm
    émv̂
1 Fa6c était un ah à
    2 Tî
1 bty d Vdu f sk̂t
7 f̂ à u crQ idpâ
da 7 vn lé rzi so abâ
u cM^ Pda fé so v̂T
    2 fy da lné
s hvl d cWs é Fĝ
7 fm f aPzné P îtsd
P so cwrj é s BvW s
    sld à své so cmâ
1 cî d s stY é u sF
1 cltvä a m u épv̂ty da
    so Jdi é a Apî so
    ha i à aTpé u cw
    d sly
1 Tbnl a pn l dlĉ ^
    lîD
v Pp so ofŝ
s pp̂ jn om n v p
    Tvyé

Le navire avance vite, fendant les lames. - Le Tribunal a puni le délinquant sans l'entendre. - Vos propos sont offensants. - Le vigneron fait du vin en foulant le raisin. - Certains villages de la zone des armées relèvent leurs murs croulants.

lé dBdR fo u Tvy Et Sti vlj d l zn) Amé rlv L M Cî.

REGLE N° XIII

— Lorsqu'une consonne se trouve placée entre les sons *an eur*, *in eur*, *on eur*, *un eur*, *ou eur*, *oi eur*, on la surmonte du tréma.

Exemples :

penseur	»	pš
lenteur	»	lï
grandeur	»	Gd
vainqueur	»	vč
trompeur	»	Tp̈
harangueur	»	Aǧ
étrangleur	»	éTk̈
commandeur	»	cmd̈
boudeur	»	bd̈
rémouleur	»	rmï
ronfleur	»	r̈!
douleur	»	dï
arpenteur	»	Apï

Exception :

— Les consonnes *s*, *t* et *z*, précédées de *oi*, ou de *ou*, échappent aux deux règles précédentes. Pour faciliter la lisibilité, on leur applique les règles concernant les voyelles suivies de *san, tan, zan* et de *seur, teur* et *zeur*.

Exemples :

tousseur	s'écrit	tw̆	et non	tš
toussant	»	tŵ	»	tŝ
moiteur	»	mÿ	»	mĭ, etc.

Remarque :

— Lorsqu'un mot donne lieu à l'application simultanée de deux règles précédentes, la deuxième seule doit être appliquée.

Exemples :

enchanteur	s'écrit	ahï	et non	hï
vendangeur	»	vadĵ	»	vâĵ

EXERCICES DE LA REGLE XIII

L'élève écrira et lira les mots suivants :

annonceur – enfonceur – accoucheur - toucheur - boudeur – candeur - commandeur - défendeur - demandeur - ascenseur - émondeur – entendeur – fondeur - froideur · frondeur - grandeur - grondeur – marchandeur – pondeur - pourfendeur - profondeur - quémandeur - rondeur – soudeur - tondeur – vendeur - coiffeur - changeur – mangeur – rongeur – rougeur – vendangeur – haran-

Ag̈ atd̈ éTk̈ rĵ td̈
cmd̈ vĕ rd̈ pd̈ Gp̈ Gd̈
asš dfd̈ tȟ hĵ mĵ vd̈
Gd̈ cmd̈ Fd̈ anš acḧ cï
rĕ rmï vadĵ cï sd̈ afš
émd̈ Mhd̈ Pfd̈ Tp̈ dï
Fd̈ lg̈ rĵ dmd̈ cd̈ pWfd̈
rï bd̈ fd̈.

gueur - langueur - couleur -
douleur - étrangleur - rémou-
leur - ronfleur - grimpeur -
trompeur - rancœur - vain-
queur.

<table>
<tr><td>

THEME

A New-York, toutes les
maisons ont un accenseur. -
J'irai demain chez le coiffeur.
- Ce Monsieur de nos amis
est un changeur. - Cette
femme est morte d'une ma-
ladie de langueur. - Le mulot
fait partie de la famille des
rongeurs. - Cette jeune fille
a de belles couleurs. - Le
maréchal Foch fut le grand
vainqueur de la guerre. - Cet
homme nous a gagnés par
sa rondeur en affaires. - La
France est la patrie des fron-
deurs. - La profondeur de
cet abîme nous est inconnue.
- Pour conserver la vie aux
arbres nous avons besoin de
l'émondeur. - Portons nos
couteaux chez le rémouleur.
- Le singe fait partie de la
famille des grimpeurs. - Ra-
belais nous a appris que
Gargantua était un grand
mangeur. - Les douleurs de
cet homme l'ont rendu in-
gambe.

</td><td>

VERSION

rblé n a aP q Gargan-
    tua - u Ga mĵ
Pto n cwt hé l rmï
l Fas é l pT) Fd̃
l mrhl Foch f l Ga vc̆
    d l G
s M d n am é u hĵ
7 om n a gné P s rd̃
    a aF
l Pfd̃ d 7 abm n é
    icn
7 fm é Mt dn mld d
    lğ
l sij fé Pt d l fmy)
    Gp̂
lé dĩ d 7 om lo rad
    ĝb
P conserver l v o AB
    n avo besoin d lmd̃
7 jn fy à d bl cĩ
Jé dmi hé l cĩ
à New York tt lé mè
    o u asṡ
l ml fé Pt d l fmy
    rĵ

</td></tr>
</table>

TROISIÈME LEÇON

DES DIPHTONGUES

REGLE Nᵒ XIV

Le trait de soulignement __ (qui doit partir au-dessous de la lettre qui vient d'être écrite et s'avancer pour tenir la place d'une autre lettre) sera mis pour exprimer les sons : *ié, iére, ien, ienne, ieu, ieur, ieuse.*

Exemples :

pied	s'écrit :	p
lierre	»	l__
chien	»	h__
milieu	»	ml
victorieuse	»	vQ__
armurier	»	AM__
caissier	»	cs__
abricotier	»	aBct
cimetiére	»	smt__
brassière	»	Bs__
charnière	»	Hn__
glorieux	»	K__
injurier, injurieux	»	iJ__
religieux	»	rlj__
ingénieur	»	ijn__
aboyeur, aboyer	»	aby__

EXERCICES DE LA REGLE XIV

L'élève écrira et lira les mots suivants :

abricotier - acier - amandier - armurier - artificier - atelier - aumônier - aventurier - bachelier - balancier - bananier - banquier - batelier - bélier - bénéficier - bénitier - beurrier - bonnetier - boursier - braconnier - brancardier - brasier - brigadier - cabaretier - cafetier - caissier - cancanier - cantinier - carrossier - cavalier - chamelier - chandelier - chapelier - charcutier - charpentier - clapier - clavier - collier - chien - citoyen - chrétien - doyen - maintien - mitoyen - comédien - diluvien - draconien - épicurien - grammairien - méridien - olympien - quotidien - tragédien - adieu - chef-lieu - essieu - milieu - aboyeur - guerroyeur - crieur - extérieur - inférieur - ingénieur - marieur - rieur - ultérieur - cieux - épieux - joyeux - mieux - moyeux - soyeux - vieux - acrimonieux - ambitieux - avaricieux - capricieux - délicieux - élogieux - fallacieux - glorieux - gracieux - impérieux -- injurieux - judicieux - litigieux - mali-

s__   dls__   Gs__   my__
aCmn__   avrs   ép__   fls__
jy__   iP__   iJ__   K__   élj__
cPs__   m__   v__   abs__   sy__
mls   slas__   jds__   Pns__
od   ltj__   rlj__   mld__
bWs__   omn__   cbrt__   bl__
bnt__   amad__   aBct__   bnt
Bcn__   cs__   bnfs__   bac__
Bgd__   atl__   AM__   avaT__
blas__   btl__   bnn   bhl__
Atfs   as__   bR   BaCd__
cacn__   Bs__   cît__   crs__
kp__   hml__   catn__   Hpat__
hadl__   Hct__   cvl__   cl__
kv__   hpl__   mit__   sty__
Ct__   cmd__   épC   ctd__
Tjd__   olip__   mty__   dy__
h__   dlv__   GM   mrd__
Dcn__   es__   hfl__   ml__
ad__   Gy__   ulT__   ijn__
C__   M__   aby__   xT__   r__
iF__

cieux - mélodieux - odieux
pernicieux - religieux - silen-
cieux.

THEME	VERSION
Cet homme sous un prétexte fallacieux n'a pas voulu donner suite à nos propositions. - Ce caissier indélicat est recherché par la police car il est parti avec des milliers de francs ne lui appartenant pas. - Le temps étant incertain le charpentier ne pourra se rendre aujourd'hui à son travail. - Le maintien et les bonnes manières sont l'apanage des gens bien élevés. - Le cavalier mourant a été amené à l'ambulance par les brancardiers, - La petite fille de mon amie a les cheveux soyeu et les yeux noirs. - Néron fit incendier Rome et fut en même temps le premier persécuteur des chrétiens. - En courant après les bandits ce chien policier a perdu son collier. - Le comédien dont vous avez admiré le talent est le doyen de la Maison de Molière. - Au déclin du jour il règne dans ce village une paix délicieuse. - L'essieu de la voiture s'est rompu par le milieu. - Tous les méridiens coupent l'équa-	l cmd__ do v avé adMé l tla é l dy__ d l mé d ml__ No f ŝd__ rm é f a mm ^ l Pm__ Pscü) Ct__ l ^ ê iSti l Hpat__ n pwr s raD oj à so Tvy o dki d jW i rn da s vlj un pé dls__ t lé mrd__ cwp lcÿ à ak Dy l cW d l sn é F cFs__ l cvl__ mWa à - amné à lablas P lé BaCd__ l ptt fy d mo am à lé hv sy__ é lé __ nY a cWa aP lé bad s h__ pls__ à Pd so cl l pV fm aP lé Pp iJ__ q lui avé tn 7 avaT__ é Pt a ^ kô lé blas__ so d Ga bâ q mit__ a éclB lé dš d Cd lé ljad Btn aTb u pwvY mystérieux o f flé O s so t simplement) !m lJ q

teur à angle droit. - La pauvre femme après les propos injurieux que lui avait tenu cet aventurier est partie en sanglotant. - Le cours de la Seine est fort capricieux. - Les balanciers sont de grands batons qui maintiennent en équilibre les danseurs de corde. - Tous les clapiers du pays ont été mis à sac par les premiers patrouilleurs. - Les légendes bretonnes attribuent un pouvoir mystérieux aux feux follets. Or, ce sont tout simplement des flammes légères qui se dégagent la nuit des marécages ou des cimetières.

```
s  dgj  l  nuit  )  mrcj
   w  )  smt__
t  lé  kp__  d  pays  o  -
   m  à  sc  P  lé  Pm__
   pTw__
ls__  d  l  vyT  sé  rop  P
   l  ml__
l  mit__  é  lé  bn  mn__
   so  lpnj  )  ja  b__  élvé
7  om  ,  u  ptxt  fls__
   np  .vwl  dné  s8  à  n
   Ppzl
s  cs__  idlc  é  rHhé  P
   l  pls  C  i  é  Pt  av
   )  ml__  d  Fa  n  lui
   aPtna  p
```

REGLE N° XV

— Le point et virgule ; exprimera les sons : *ia*, *iar*, *ian*, *iance*, *uan*, *uance*.

Exemples :

ambiance	s'écrit	**ab;**
alliance	»	**al;**
audience	»	**od;**
clairvoyance	»	**Kvy;**
acacia	»	**acs;**
dahlia	»	**dl;**
hortensia	»	**O^s;**
tibia	»	**tb;**
client	»	**k;**
défiant	»	**df;**
négociant	»	**ngs;**

signifiant	s'écrit	**snf**;
affluent	»	**al**;
gluant	»	**k**;
remuant	»	**rm**;
nuance	»	**n**;

EXERCICES DE LA REGLE XV

L'élève écrira et lira les mots suivants :

affluent - atténuant - gluant - insinuant - remuant - tuant - liard - milliard - acacia - batavia - camélia - dahlia - orthensia - magnolia - paria - ratafia - sépia - ténia - tibia - affluence - alliance - audience - clairvoyance - croyance - défiance - expérience - insignifiance - insouciance - méfiance - mésalliance - nuance - prévoyance - science - ambiant - client - défiant - édifiant - étudiant - expédient - falsiffiant - impatient - ingrédient - - méfiant - mendiant - mortifiant - négociant - orient - patient - quotient - raréfiant - rassasiant - récipient - sanctifiant - signifiant

ml; l; t; al; k; atn; isn; rm; cml; mnl; tn; tb; acs; btv; dl; P; rtf; sp; O^s; df; Cy; al; al; od; Kvy; n; isws; isnf; mzl; mf; xP; Pvy; s; k; ab; étd; ^qf; mf; rsp; rrf; cs; rsz; Mtf; ngs; mad; O; snf; ps; df; édf; xpd; flsf; ips; iGd;

THEME	VERSION
Le printemps délicieux amène de nouveau à la campagne une énorme affluence de voyageurs. - Ce vieil ambitieux a mis son veto au mariage de sa fille ne voulant pas, disait-il, de mésalliance dans la famille. - Le Comité d'Hygiène et de Prévoyance sociales a ratifié le vote du dernier statut. - Je suis impatient de connaître les péripéties de votre voyage en Orient. - Ce vieux mendiant ne possède pas un liard, il vit d'expédients ce qui d'ailleurs ne lui retire pas son humeur malicieuse. - Le magnolia est un arbre à grandes fleurs originaire d'Amérique. - Ce négociant a été surpris falsifiant son vin aussi sa clientèle a-t-elle été mise en défiance. - Nous avons assisté avec émotion aux expériences du nouvel appareil de cet ingénieur. - Le ténia est un ver parasite improprement appelé ver solitaire. - La sépia est une matière colorante avec laquelle on exécute des dessins. - Ce faussaire a bénéficié d'un non lieu. - J'ai trouvé la réflexion de cet homme très mortifiante. - Ce commerçant vend sa marchandise à des prix défiant	s cM^ va s Mhadz à) P df; tt concurrence. u avo a6té av émO o xP; d nwvl aPy d 7 ijn__ l sp; é un mt__ cLat av lql o xct) dessins l mnl; é u AB à Gad !R orjN d'Amérique s v__y abs__ à m so vt o M;j d s fy n vî p disait-il d mzl; da l fmy s v__ mad; n psd p u l; i v dxpd; s q d__ n lui rT p so umR mls__ s ngs; a - surpris flsf; so vi os s k;tl à tl - mz a df; l comité dj__ é d Pvy; ss;l à rtf__ l vt d Dn__ statut l tn; é u V przt improprement aplé V slT s fS à bnfs__ du no l__ jé Twvé l r!E d 7 om Té Mtf;t l !R d lcs; xl u Pfu Té dw é Té pnTa l Pî dls__ amn d nwv à l capn un éNm a!; d vy;jR i suis ips; d cnT lé prps d vT vy;j a O;

toute concurrence. - La fleur
de l'acacia exhale un parfum
très doux et très pénétrant.

REGLE N° XVI

— Le petit degré o fait : *io, ior, ion, oin, ouin.*

Exemples :

pioche	s'écrit	p°h
avion	»	av°
poing	»	p°
vieillot	»	v_°
agio	»	aj°
folio	»	fl°
oratorio	»	orT°
bédouin	»	bd°
témoin	»	tm°
pingouin	»	pig°
chafouin	»	hf°
marsouin	»	Ms°
adjoindre	»	adj°D
rejoindre	»	rj°D
billion	»	bl°
camion	»	cm°
embryon	»	aB°
orion	»	O°
lampion	»	lap°
région	»	rj°
oindre	»	°D

EXERCICES DE LA REGLE XVI

L'élève écrira et lira les mots suivants :

adagio - agio - brio - folio   p°   lj°   rlj°   lap°
- imbroglio - oratorio - tertio   aB°   gb°   O°   bl°
- trio - babouin - bédouin -   cm°   cmn°   rc°   bb°

benjoin - besoin - chafouin - coin – foin - groin - marsouin - pingouin - recoin – sainfoin - témoin - ad- - conjoindre - déjoindre - - joindre - moindre - poindre - rejoindre - billion - camion – communion - - embryon - gabion - horion - religion - lampion - légion pion

c° G° pig° hf° bd°
bij° Ms° sif° tm° bz°
f° B° adj° aj° iBk°
Ts° T° orT° fl° j°D
rj°D p°D adj°D dj°D
m°D

THEME

Ce marsouin revient de loin ; il a été visiter des régions mystérieuses. – La Saint - Barthélémy fut un odieux massacre de ceux qui avaient embrassé la religion protestante. – On a parfois besoin d'un plus petit que soi. – Par sa bravoure sans pareille, cet officier s'est vu décerner la médaille de la Légion d'Honneur. – Ma nièce va faire sa première communion car ses parents sont très croyants. – Nous avons assisté comme témoins à cette réunion. – Le visage chafoin de l'adjoint dénote une nature très astucieuse. – Ce musicien vient d'exécuter des adagios qui nous ont charmés. – Un oratorio est un drame lyrique dont le sujet est presque toujours religieux. – Le ben-

VERSION

u orT° é u Dm lyrique do l sjé é P? tj rlj__

s musicien v__ d'exécuter) adj° q n o Hmé

m n__s v F s Pm__ cmn° C sé Pa so Té Cy;

P s BvW ^ Py 7 ofs__ sé v dSné l mdy d l lj° dnR

l si Btlm f u od__ msC d s q avé embrassé l rlj° protestante

n avo a6té cm tm° à 7 run°

l bij° é un rzn aromatique Té employée a mdsn é a Pfmr

l sif° é un Eb q p SV à l nwrT) bestiaux

l vzj hf° d ldj° dnt un nT Té astucieuse

jouin est une résine aromatique très employée en médecine et en parfumerie. - Le sainfoin est une plante qui peut servir à la nourriture des bestiaux.

s Msº rv__ d lº i à - visiter) rjº mystérieuses
o à Pfy bzº du (pt q sy

REGLE Nº XVII

— La lettre u (surmontée d'un accent grave) rend les sons suivants : *ua, uo, ui, uir, ué, oui, oué, ueu, ueur, ueuse, oueur, oueu, oueuse.*

Exemples :

appui	s'écrit	apù
autrui	»	oTù
s'enfuir	»	ˆfù
reproduire	»	rPdù
nuire	»	nù
affluer	»	aḷù
évoluer	»	évlù
poncluer	»	poqù
épanoui	»	épnù
inouï	»	inù
échouer	»	éhù
tatouer	»	ttù
joueur	»	jù
lueur	»	lù
boueux	»	bù
noueux	»	nù

Pour rendre tous les autres hiatus, on écrit la deuxième voyelle ou le deuxième son entendus.

Exemples :

néophite	nȯft
fléau	!o
diurne	dUn
poème	pèm
bohéme	bèm

EXERCICES DE LA REGLE XVII

L'élève écrira et lira les mots suivants :

appui – autrui – ennui – essui – étui – suie – bruire – déduire – détruire – induire – nuire – produire – reluire – reproduire – traduire – accentuer – affluer – atténuer – attribuer – diminuer – effectuer – évoluer – habituer – influer – perpétuer – ponctuer – refluer – remuer – saluer – situer – allouer – amadouer avouer – bafouer – clouer – dévouer – échouer – jouer – louer – rabrouer – tatouer – enfoui – épanoui – évanoui – inouï – lueur – sueur – tueur – boueux – noueux – joueur – loueur – réjouir.

rBù jù dvù kù amdù
alù éhù lù ttù avù bfù
xatù abtù évlù poqù stù
alù atnù aTbù efqù
dmnù slù Pptù i!ù r!ù
rmù lù sù tù bù nù jù
lù dTù Bù ddù rlù
rPdù idù Pdù nù Tdù
inù afù évnù épnù rjù
apù oTù étù anù esù
sù

THEME

La lueur de cette lampe est bien faible, nous aimerions beaucoup mieux l'éclairage

VERSION

j m sù dné u) inù P
Tdù s rma
i n reste aC u lo PcW à

au gaz. - Cette ville est située sur un affluent de la Loire. - Nous avions vu à maintes reprises évoluer l'avion dont le pilote a été tué. - Il nous reste encore un long parcours à effectuer; peut-être n'arriverons-nous pas avant la nuit. - Il ne faut jamais chercher à nuire à son prochain. - Il faut dès leur jeune âge habituer les enfants à saluer les vieillards. - Je me suis donné un mal inoui à traduire ce roman. - Ce tueur de bestiaux a l'avant bras droit entièrement tatoué. - Le maire a décidé d'allouer à cette pauvre femme une plus forte indemnité. Ce serviteur si dévoué est sans cesse rabroué par son maître. - L'avocat a invoqué pour son client des circonstances atténuantes. - Je viens de saluer un personnage très influent. - Vous avez oublié de ponctuer votre phrase, ce qui peut nuire à son bon sens.

efqù pT nrvro n p ava l nù

s Svf s dvù é ^ ss rBù P so mT

j v__ d slù u Psnj Té i!ù

v avé oublié d poqù vT Fz s q p nù à so bo ^s

n av° v à mit rPz évlù lv° do l plt à - tù

s tù d bestiaux à lva B Dy entièrement ttù

i n f jm Hhé à nù à so Phi

l lù d 7 lap é b__ faible n émr° bc m__ lkrj o gz

7 vl é stù ' u alù d l lY

i f) l jn aj abtù lé f̂ à slù lé v ;

lvc à ivcé P so k;) circonstances atnù

l M à dsdé dlù à 7 pV fm un (Ft indemnité

DE L'EMPLOI DES SIGNES USUELS

Certains signes ont une signification particulière, suivant qu'ils sont placés au début ou à la fin d'un mot.

1º *Signes s'employant indiféremment au début, dans le corps ou à la fin d'un mot, avec la même signification.*

REGLE Nº XVIII

La barre de pourcentage est mis pour *st* et *str.*

Exemples :

arbuste	s'écrit :	**Ab/**
stagnation	»	**/nA**
bristol	»	**B/l**
cristal	»	**C/l**
pastel	»	**p/l**
pastelliste	»	**p/l/**
structure	»	**/Q**
strict	»	**/q**
astre	»	**a/**
stupeur	»	**/pR**
strophe	»	**/f**
stalactite	»	**/lqt**

REGLE Nº XIX

La barre de pourcentage tracée de gauche à droite signifie *sp* ou *spr.*

Exemples :

spatule	s'écrit :	**\tl**
spectacle	»	**\qk**
spectre	»	**\Q**
spéculateur	»	**\clä**
spirale	»	**\rl**
espoir	»	**e\Y**

— 55 —

aspirant	s'écrit	a\ra
spécial	»	\s ; l
spectateur	»	\qä

EXERCICES DES RÈGLES XVIII ET XIX

L'élève écrira et lira les mots suivants :

astronome - asticot - astuce - détester – estacade – estafette - estampe – estampeur – estampille - estimateur - estimation - estoc - estomac - estime - estragon - ostentation - ustensile - verste – épistolaire - bastonnade – bistre - pastille – catastrophe - botaniste - preste - buste - castagnette – castel – choriste - hospice – hostile – histoire – hostie – anesthésie - apostrophe - aristocrate - aspirant - aspect – aspirine – astracan – astreindre - astringent - arbuste - stage - stagnant - stagnation - stalactite - station - statue - sténo - steppe - stère - stérile - stillation - stimulant - stimulation – stipulant – stock - stomacal - store – strangulation – strapontin - stratagème - strict - structure - strophe - stuc - stucateur - stupéfaction - stupeur - stupide - style - spatule - spectacle - spécification - spectateur - spectre – spéculateur - spéculation – spirale - aspiration - spirite - espoir – respirer – spontané - astre.

```
/rl    /pla   /mcl   /tjm   /p
/nA    /lqt   /t     /mlA   /A
/pd    /c     /Q     \qä    \rl    \rt
/n     /j     Ab/    /aglA  /lA
/R     /na    /mla   /R     /c     /poti
/q     /pfA   \qk    \clA   \Q
a\rA   a/     a/nm   e/c    e/ap
ép/L   u/asl  dt/é   e/mA
V/     e/go   b/     P/     o/l    a\ra
c/nt   c/l    o s    btn/   p/y
an/z   a/ca   a/iD   ap/f   e/apy
e/mä   b/nd   e/m    o/     ar/Ct
a\rn   a/ĵ    a\     i/Y    cr/    e/cd
e/ft   e/p̈    a/s    a/c    /cä    /pR
/l     \tl    \sfcA  e\Y    r\ré
\otné  \clä   e/m    o/atA
ct/f   /f     b/
```

<table>
<tr><td>

THEME

Cette catastrophe a été un vrai désastre - L'ingénieur dont vous parlez vient de faire un stage dans une usine de la région. - Michelet fut un grand historien. - Avec la peau de l'astrakan on fait des fourrures très estimées.-

Les astronomes nous ont prédit une éclipse totale de soleil. - Pour subir cette légère opération le malade s'est fait anesthésier. - Nous sommes restés stupéfaits d'avoir assisté à ce spectacle imprévu. — Madame de Sévigné a été célèbre par son style épistolaire. - La potion qui m'a été ordonnée est un puissant stimulant. - Les steppes sont des étendues ds terrain stérile. - Sous la terreur tous les aristocrates étaient mis à mort. - Cette cathédrale possède une puissante structure. - Ce soldat est élève aspirant. - La verste est une mesure russe qui équivaut environ à notre kilomètre. - Ces parias sont astreints à des besognes éreintantes. - Devant les manifestations hostiles des Allemands nous nous sommes décidés à appliquer des sanctions immédiates.

</td><td>

VERSION

lé   a/nm   n   o   Pd   un ékps ttl d sly
av   l   p   d   l/ca   o   fé   ) fWR Té é/mé.
,   l   TR   t   lé   ar/Ct - m à M
dva   lé   mnf/A   o/l   ) allemands   n   n   sm dsdé à appliquer) sA imd;t
lé   /p   so   )   éd   d   Ti   /rl
l   V/   é   un   mZ   rs   q écv   aVo à nT clmT
sé   P;   so   a/i à) bzn Eî
7   ctDl   psd   un   pû   /Q
7   ct/f   à   -   u   Vé   dz/
n   sm   r/é   /pfé   dvY a6té à   s   \qk iPv
lijn__   do   v   Plé   v__   d F u   /j   da   un   uzn   d l rjo
Michelet   f   u   Ga   i/r__
P   sB   7   lJ   oPA   l   mld sé   fé   an/z__
Me   d   svné à - slB   P so   /l   ép/L
l   pO   q   m   - Odné ó u   pû   /mla
s   sld   ó   élv   a\ra.

</td></tr>
</table>

REGLE N° XX

— La parenthèse ouverte (est mise pour *pl* ou *bl*.

Exemples :

stable	s'écrit	/(
plage	»	(j
blason	»	(â
plastron	»	(/o
plausible	»	(z(
applicable	»	a(c(
plongeant	»	(ĵ
plongeur	»	(j
blamable	»	(m(
chérissable	»	hrs(
semblable	»	ˆ((
délectable	»	dlq(
plaisant	»	(ê
plantoir	»	(atY
plaindre	»	(iD
plombeur	»	(b̈
blanchisseur	»	(ahï
blancheur	»	(ḧ

EXERCICES DE LA REGLE XX

L'élève écrira et lira les mots suivants :

place - placeur – plafond - plafonneur – plage – plaidant - plaideur - plaidoirie – plaignant - plaindre - plaine - plainte - plaire – plaisant - plaisir - planche - planétaire - planète - plantage – planeur - plantation - planteur - plantigrade – plantoir -

dlq((fnR (dyr .d(r((n (objn (ï ét((ê xPm(a(R ém(xC(atc(dt/(Bl((îA cp(adr(iPb(xcz(a(y (ttd hrs(ép⍭t(c(a(U aCd(a(o x(c(abt(a(dmoT(af(abmn(a(T i(c(fvr((na (b̈ (j (R (ï (nR (nt (ah (it (sfmä (M

planton - plaque – plaqueur - platane - plastron - plate-forme - plâtre - plausible) - pleurs - plisseur - plomb - plombagine - plombeur – plongeant - plongeon - blâme - blancheur - blanchir - blanchisseur - blanchissant - blason - blasphémateur - blasphématoire - blémir - blottir - aplanir - aplatir - aplomb – assemblage – ablution – emplâtre – emplir – emploi – ample – ampleur – implacable – implantation – implicite – implorer - semblable - platitude – favorable - faible – abominable - abordable - accordable – accusable - adorable - affable - aimable - altérable – applicable - attaquable - blâmable - brisable - brulable - câble - capable – charitable – chérissable - coupable - critiquable - damnable - décevable – déchiffrable - déclinable - défavorable - délectable - démontrable - déplorable - désirable - détestable - durable – épouvantable - étable - excusable - exécrable - explicable – exploitable – exprimable flottable - formidable - habitable - honorable - improbable - indubitable - inestimable - infatigable - inflammable - inimitable - plongeur

(ḣ   (ojo   (z((/o   (da   (Z
(nT   (ahï   (t̂   (R   (fo   (s
 dR   (aH   (sfmtY   (atGd
(tn   (c   (j   (m   (T   (j   (tFm
(o   (iD   (atj   (atA   (ahi   (T
(cR   (ä   a(N   ^((cwp(hrt(
(m(altr(acz(á(j   a(T   ·(·
a(c(Bz(Ctc(f(i(ré   i(st
dn(dhF(dkn(idbt(x(yt(
iftg(onr(Fmd(dr(dzr(
!t(in m(i!m(dsv(
inmt(aBd(dfvr((atY   (â.

THEME	VERSION

THEME

A table, cette enfant a une tenue déplorable. - La force de l'explosion fut formidable et de ce fait notre maison n'est plus habitable. - Le blaireau et l'ours sont des plantigrades. - Le plaidant a gagné son procès. - J'éprouve toujours un plaisir énorme à venir m'asseoir à l'ombre de ces platanes. _ Les bijoux en platine sont fort à la mode. - Pour aplanir tous ces obstacles il nous faudra beaucoup de patience. - Le pretexte invoqué par mon ouvrier n'est pas plausible. - Le caractère désagréable de cette jeune fille la rend détestable. - Le coupable, malgré une habile plaidoirie de son défenseur, s'est vu infliger de la prison. - Dans le chagrin les pleurs ne servent à rien, ce qu'il faut c'est de l'énergie. - Nos astronomes ont toujours cherché à entrer en communication avec la planète Mars, mais leurs efforts n'ont pas encore été couronnés de succès. - L'article de ce journaliste est critiquable car il n'est pas impartial. - La méthode que vous défendez n'est pas applicable, car son emploi serait tout à fait défavorable dans notre industrie.

VERSION

7 v__y dm à vù s v o pV e é Té hrt(é l b__ qe fé à sé ˆ((é in/m(

n a/nm o tj Hhé à en-trer a cmncA av l (nt Ms mé L eF no p aC - cwrné d sxé

l cwp(malgré un abl (dyr d so dfᶊ sé v i!jé d l Pî

à t(7 f̂ à un tn d(r(

l Ptxt ivcé P mo wV__ np (z(

l (da à gné so Procès

l crQ dzGà(d 7 jn fy l ra dt/(

jPwv tj u (Z éNm à vN msY à loB d sé (tn

lé bjw a (tn so F à l md

l Fs d lx(O f Fmd(e d s fé nT mê n (abt(

P a(N t sé ob/k i n fD bc d ps;

l (r é lWs so) (atGd Ltk d s jWnl/ é Ctc(C i np iPs;l

l mtd q v dfadé np a(c(C so a(y sré taf dfvr(da nT id/

da l hGi lé (R n Sv à r__ s qi f sé d lNj

- Cette vieille dame a voué sa vie aux pauvres, elle est très charitable et le bien qu'elle fait à ses semblables est inestimable.

REGLE N° XXI

Les guillemets " remplacent les sons *ssien, zien* et *ancien*.

Exemples :

artésien	s'écrit :	**At"**
magicien	»	**mj"**
pharmacien	»	**Fm"**
tacticien	»	**tq"**
nécromancien	»	**nCm"**
musicien	»	**mz"**
praticien	»	**Pt"**
parisien	»	**P"**
prussien	»	**P"**

EXERCICES DE LA REGLE XXI

L'élève écrira et lira les mots suivants :

ancien - académicien - alsacien - artésien - fabricien - magicien - mécanicien milicien - musicien - nécromancien - opticien - parisien - patricien - pharisien - pharmacien - physicien - platonicien - praticien - pythagoricien - rhétoricien - acticien - dialecticien.

nCm" mcn" At" (tn'
Fm" P" " "— acdm'
ml" F" ptG" tq" pT"
mz" mj" alz" opt" fz'
Pt" rT" d;lq"

THEME

L'âme damnée de Catherine de Médicis était un magicien du nom de Ruggieri. - Nos généraux furent de précieux tacticiens. - Ce médecin est un praticien renommé. - Néron ne tolérait auprès de lui que des Patriciens. - Afin de ravitailler en eau cette portion de village, la commune s'est vu obligée de faire élever un puits artésien. - Ce vieux brocanteur vend des meubles anciens. - L'orchestre de l'Opéra est formé de musiciens talentueux. - Cet académicien est en même temps un réthoricien de premier ordre.

VERSION

No   n   tLé   opd   lù   q   )
    pT"
Lc/   d   lpr   é   Fmé   d
    mz"   tlatù
s   v__   Bcï   va   )   m("
n   jnr   F   d   Ps__   tq"
afi   d   rvtyé   a   o   7   pO
    d   vlj   l   cmn   sé   v
    o(jé   d   F   élvé   u   pù
    At"
7   acdm"   é   a   mm   ˆ   u
    rT"   de   Pm__   OD
s   mdsi   é   u   Pt"   rnmé
lm   dné   d   ctrn   d   md6
    -   u   mj"   d   no   d
Ruggieri.

QUATRIEME LEÇON

2º Certains signes ont une signification particulière suivant qu'ils sont placés au début ou à la fin d'un mot.

Signes s'employant au début des mots.

REGLE N° XXII

La parenthèse fermée signifie : *dess, diss, mal.*

Exemples :

destructeur	s'écrit :	)Tü
destin	»	)ti
destrier	»	)T__
descendre	»	)aD
description	»	)CI
despote	»	)pt
désinfection	»	)ifE
destruction	»	)TU
discorde	»	)Cd
discours	»	)cW
discrétion	»	)CE
disgrâce	»	)Gs
disjoindre	»	)j°D
disponible	»	)pn(
dispensable	»	)pas(
disputable	»	)pt(
malchance	»	)has
malfaisant	»	)fê
malfaiteur	»	)fë
malheur	»	)R
malplaisant	»	)(ê

EXERCICES DE LA REGLE XXII

L'élève écrira et lira les mots suivants :

destin - destinataire - destination - destituable - destituer - destitution - destrier - destructeur - destruction - discontinu - discontinuation discontinuer - disconvenance - discorde - discoureur - discourir — discours - discourtois - discrédit - discrétion - discussion - discutable - disgrâce - disgrâcier - disjoindre - disjonction - dislocation - disparaître - disparition - dispensaire - dispensateur - dispensation - dispense - dispersion - disponible - disposition - disproportion - disputable - disputailler - dispute - disputeur - disqualifier - disque - dissection - dissemblable - dissension - distance - distant - distantion - distillateur - distillation - distinct - distordre - distraction - distraire - distribuer - distributeur - distribution - malandrin - malchance - malentendu - malfaçon - malfaisant - malfaiteur - malgache - malgracieux - malheur - malin - malmené - malpeigné - malplaisant - malpropre - malsain - malte - malversation.

)cotnA)prT)pE)cW
)clf__)fë)R)c)TD
)tlä)ptyé)Cd)pasä)ttU
)covnas)ct( )tnA)t (fá
)E)tA)A)pt (TR)pas
)Tü)T__)Gs__)paS)pasA
)pn( )pzI)cWty)cWR
)cotn)ttù)ti)pt( )CE
)PI)jO)mné)^)VsA
)pné)aDi)pü)a(( )tlA
)ti)Tbü)TbU)PP)has
)j°D)Gs)lcA)cotnù)Cd
)PpO)cU)tnT)ttà( )gh
)Tbù)TA)^s)si)Gs__
)t̂d)i)fê)(ê)TU

<table>
<tr><td>

THÈME

Cette personne a été des-
titué de tous ses biens. - On
se sert de malte et de hou-
blon pour faire la bière.- Les
Boches ont accompli une
œuvre de destruction dans
la région du Nord. - Nous
n'avons pas en ce moment
de stocks disponibles, aussi
ne pourrons-nous donner
suite à vos propositions.
Dans le malheur il ne faut
jamais accuser le destin. -
La distraction de ce phar-
macien a causé la mort de
la malade, - Le bienfaiteur
dont je vous ai parlé s'oc-
cupe beaucoup de ce dispen-
saire. - Avant d'arriver à des-
tination, cette lettre devra
parcourir une grande dis-
tance, - Ce malentendu a
donné lieu à bien des dis-
cussions. - Les manifestants
ont été dispersés sans inci-
dents. – Après les discours,
la dislocation du cortège eut
lieu. - La discrétion est une
grande vertu. - L'eau-de-vie
s'obtient en distillant le vin. -
La malfaçon de ce travail le
rend inacceptable. - Cet em-
ployé a été disqualifié auprès
de son patron par son man-
que de délicatesse.

</td><td>

VERSION

1)TA d s Fm" à causé
   l M d l mld
n nvo p a s moment
   d /c)pn(os n pWo
   n dné s8 à v PpzI
l d v sbt__ a)tla l vi
lé mnf/a o -)Psé ˆ
   isda
7 a(y__ a -)clf__ opd
   so pTo P so mac
   d dlcts
l b fě do j v é Plé
   scp bc d s)paS
aP lé)cW l)lcA d
   Ctj u l__
lé bh o aco(un eV d
)TU da l rjᵒ d N
7 Psn a -)ttù d t
   sé b__
da l)R i n f jm accu-
   ser l)ti
o s S d)t é d w(o P
   F l b__
ava drvé à)tnA 7 lT
   dV PcWR un Gad
)ˆs
s (t̂d à dné l__ à b__
))cU
l)CE é un Gad Vt
l)fâ d s Tvy l ra
   inxpt(

</td></tr>
</table>

REGLE N° XXIII

— L'apostrophe ' sera mise pour : *sur* et *super*.

Exemples :

surcharge	s'écrit	'Hj
surface	»	'fs
surcroît	»	'Cy
surintendant	»	'itd̂
surmontable	»	'mot(
surplis	»	'(
superbe	»	'b
superficiel	»	'fs__l
superflu	»	'l
superstition	»	'/I

EXERCICES DE LA REGLE XXIII

L'élève écrira et lira les mots suivants :

surfin - surgir - surintendance - surjet - surlendemain - surmenage - surmontable - surmoulage – surnager - surnom - suroît - surplis - surplomber – surprenant - surprendre - surprise – surseoir - surtaxe - surveille - survenir – survivre – survoler – superbe - supercherie – superficie - superficiel - superflu – supérieur – superposition - superstitieux – superstition.

'njé '(obé 'pzI '! 'hr 'itd̂s
'y 'PaD '/I 'fs 'J 'jé
'mwlj 'mnj '('/s__ '__ 'fs__l
'mot('b 'fi 'no 'Pna
'ladmi 'tx 'Pz 'vlé 'vN
'sY 'vy 'vV.

THEME

Nous avons surpris ce malfaiteur en train de piller notre clapier. - Les pêcheurs ont une coiffure imperméable dénommée suroît. - Les bretons superstitieux créent des

VERSION

'(fy pd̂ l G lé av°
so vn 'vlé l cptl
7 pV fm n pwr 'vV à
so fs)pr
lé Bè '/s__ Cé) ljad w

légendes où surgissent sans cesse des spectres et autres êtres non moins imaginaires. - Le malin a vu sa supercherie découverte. - Cette pauvre femme ne pourra survivre à son fils disparu. - L'assassin ayant des révélations à faire on a dû surseoir à son exécution - Les passagers de ce navire sont tous munis d'une ceinture de sauvetage qui leur permettra de surnager en cas de naufrage. - Le surintendant a été impliqué dans une affaire de spéculation. - Plusieurs fois pendant la guerre les avions sont venus survoler la capitale. - Du haut de cette montagne nous avions un point de vue superbe. - Le surveillant de la classe supérieure est très sévère. - Cet officier de nos amis est parti le surlendemain de la déclaration de guerre. - Le sage sait se passer du superflu.

'js ^ ss) \Q é oT eT no ° imjN 7 ofs__ d n am é Pt l 'ladmi d l dKA d G d o d 7 motn n av° u p° d v 'b lssi ya) rvlA à F o a d 'sY à so xcU l)i a v s 'hr dcwVt lé psjé d s nV so t mn dn siT d svtj q L PmT d 'njé a c d nFj l 'itâ à - i(cé da un aF d \clA l 'vya d l ks '__ é Té sV l sj sé s passer d 'l n avo 'P s)fë a Ti d pyé nT kp__ lé phR o un cyF iPmà(dnmé 'y.

REGLE N° XXIV

— La virgule signifie : *sou, sous, sub.*

Exemples :

soucieux	s'écrit	,s__
soudoyer	»	,dy__
soudure	»	,D
soufflage	»	,!j
souillon	»	,o

soulier	s'écrit	,l__
soumission	»	,mI
soupière	»	,p__
soupirail	»	,Py
souscription	»	,CI
submersible	»	,Ms(
substitution	»	,/tU
subvention	»	,vA

EXERCICES DE LA REGLE XXIV

L'élève écrira et lira les mots suivants :

soubresaut - soubrette – souche - soucieux – soucoupe – soudoyer - soudure - soufflage - souffle - souffleur - souffre - souhait - souiller - souillon – soulever - soulier – soumettre - soumission - soupape - soupente - soupière - soupir – soupirail – soupirant - souple - souplesse - souscription - souscrire - soustraction - soutache - soutane - soutenable – soutien - souvenir - subjuguer - submerger - submersible - submersion - subside – subsistance - substitut – subterfuge - subvention

,!j ,Bt ,s__ ,__ ,pp ,Mjé
,zd ,tn ,CR ,mE ,Tfj ,th
,mT ,° ,vN ,tn(,t__ ,TA
,!R ,F ,l ,é ,vA ,lvé
,Pa ,p__ ,mI ,! ,pat ,(
,CI ,Py ,P ,(s ,jgé ,Ms(
,/t ,Bs ,h ,dy__ ,D ,cwp
,z/as.

THEME

La soutane et le surplis de ce prêtre lui ont été offerts par une personne pieuse. - Ce magistrat est très soucieux de l'opinion des autres juges. - Nous avons fait une souscription en faveur de

VERSION

'(tàT P" rsyv) ,vA d lt
l ,tn é l '(d s PT lù
o – oF P un Psn
p__
s ,Ms(n p éT ralù à
P své lcpj
j m sù Sv du lv__ P

ces pauvres gens. - Cette jeune fille est très méritante, car elle est le soutien de toute sa famille. - Le malade est à bout de souffle. - Cette enfant est malpropre, elle vient de souiller sa robe neuve. - En souvenir de ses habitants morts au champ d'honneur, chaque commune leur élève un monument. - Ce submersible n'a pu être renfloué à temps pour sauver l'équipage. - Plusieurs théâtres parisiens reçoivent des subventions de l'Etat. - Après de longs mois de souffrance, nos soldats ont eu la joie de recevoir la soumission des boches. - Je me suis servi d'un levier pour soulever ce bloc de pierre. - Le soufflage du verre est un métier très malsain. - Cette ouvrière sans travail ne touche aucun subside.

,lvé s (c d p__
7 f̂ é)PP e v__ d ,__
   s rb nv
n avo fé un ,CI a fvR
   d sé pV ja
a ,vN d sé abi M o ha
   dnR hc cmn L élv
   u monument
7 wV__ ˆ Tvy n twh
   ocu ,zd
aP d lo my d ,Fas n
   sld o u l jy d rsvY
   l ,mI) bh
s mj/ é Té ,s__ d lpnº
) oT jj
7 jn fy é Té Mi C e
   é l ,t__ d tt s fmy
l mld é à bw d ,!
l ,!j d V é u mt__ Té)si

REGLE Nº XXV

Les deux points : remplacent *inter*, *intr* et *entr*.

Exemples ;

interdiction	s'écrit :	:dI
intérêt	»	:é
intéressant	»	:ê
interjection	»	:jE
intermédiaire	»	:md__
interpellateur	»	:plä
interlocuteur	»	:lcü

intrusion	s'écrit	:U
entrailles	»	:y
introducteur	»	:dü
entremetteur	»	:më
entrevoir	»	:vY

EXERCICES DE LA REGLE XXV

L'élève écrira et lira les mots suivants :

intercalaire - intercéder - interception – intercostal - interdiction - interdire – intéressant - intérêt – intérieur – interjection - interligne - interlocuteur - interlocution - interlope - intermède - intermédiaire – interminable - intermittent - internat - interpellateur - interpellation - interprétable - interprétateur - interprétation - interrompre - interruption - intersection interstice - intervalle - intervention - interversion - intervertir - intrépide - intrigant - intrigue – intrinsèque – introducteur - introduction – introduire - intrusion - entr'acte – entrailles - entrave - entrecôte - entrefaite - entrefilet – entremêler - entremetteur - entremise - entrepont - entreposeur - entreprenant – entretenir – entretien – entrevoir - anthracite - anthropométrie - anthropophage.

:lcU :sdé :D :lcü :md
:dü :y :sE :ga :q :vE
:g :_ :è :U :U :vA :pö
:pfj :vY :më :pmT :flé
:po :dU :é :jE :mn(:lp
:dù :c/l :sE :ln :n :mi
:v :ft :isc :plA :plä :dI
:cL :st :Pna :t_ :tN
:mlé :Pt(:Ptä :md_ :PtA
:oP :/s :vl :pd :ct :VT
:mz :U

THEME	VERSION

THEME

Les populations anthropophages disparaissent de plus en plus - Le discours interminable de cet orateur n'a subi aucune interruption. - Le passant par son intervention opportune a empêché toute agression. - L'anthropométrie rend de grands services dans les enquêtes policières. - On retire l'anthracite et la houille des entrailles de la terre. - C'est en mettant nos intérêts en jeu que cet intrigant a réussi à nous mettre en défiance. - L'entretien des rues de Paris est très onéreux chaque année pour nos finances. - Cet élève a intercédé auprès du professeur pour obtenir la grâce de son camarade. - Nous avons entrevu à l'entracte l'acteur interprétant le premier rôle. - C'est par la mauvaise interprétation de ce propos que nous avons dû avoir recours à la justice. - Les douleurs intercostales font beaucoup souffrir. - Cet homme ne pourra nous servir d'intermédiaire car il fréquente un monde interlope. - Cet homme est un interdit de séjour.

VERSION

sé a mê n :é a j q 7 :ga à rus à n mT a df;

l pà P so :vA oPtn à aphé tt aGE

l:t__) r d pr é Té onr hc ané P n fnas

lé dlR :c/l fo bc ,FR

7 élv à :sdé opd Pfë P obtN l Gs d so cmrd

7 om é u :d d sjW

n avo :v à l:q lä :Pê l Pm__ rl

l:pmT ra d Ga Svs da lé act pls__

lé pplA :pfj)prs d (a (

o rT l:st é l wy) :y d l T

l)cW :mn(d 7 Oä n sb ocn :U

sé P l mvz :PtA d s Pp q n avo d avY rcW à l j/s

7 om n pwr n SV d:md__ C i Fcat u mod :lp

REGLE N° XXVI

— Le trait d'union est mis pour : *ant, trans, extra, int.*

Exemples :

antichambre	s'écrit	-haB
antilope	»	-lp
antiquaire	»	-C
antéchrist	»	-C/
extravagant	»	-vga
extraction	»	-A
extradition	»	-dI
extraire	»	-R
transformateur	»	-Fmä
translateur	»	-lä
transition	»	-I
transmission	»	-mI
transgresseur	»	-Gë
transsibérien	»	-B__

EXERCICES DE LA REGLE XXVI

L'élève écrira et lira les mots suivants :

antichambre - anticipation - anticlérical - antidate - antidote - antilope - antipathie - antipode - antiquaire - antireligieux - antistrophe - antithèse - extraction - extradition - extrafin - extrajudiciaire - extravagance - extrême - transaction - transcendant - transition - transitoire - translateur - translation - transmettre - transmigration - transmission - transmuer - transmutation - transparent - transpiration - transplantation - transport -

-P -pzï -mGA -mtA -I
-lA -vgas -m -A -jds__
-pzI -tY -mT -A -Gë
-PA -dI -fi -haB -dt
-spA -krcl -C -rlj__ -pd
-lä -mI -mù -F -Pa -GE
-Pt(-CI -â -fGA -FmA
-Fmä -Fm/ -fU -(atA
-fj -dt -lp -/f -tz -pt

transportable - transpositeur
- transposition - transcrip-
tion - transfert - transfigura-
tion - transformateur - trans-
formation - transformiste -
transfuge - transfusion -
transgresseur - transgres-
sion.

THEME

Le printemps succède à
l'hiver sans transition. - Ce
transfuge a été puni de dégra-
dation. - La Chine est l'antipode de la France. - Le malade est si faible qu'il n'est
pas transportable. - Nous
avons clos notre litige par
une transaction amiable. -
Le lait est un précieux antidote. - L'antilope est un quadrupède de la famille des
ruminants. - Ce député siège
à l'extrême gauche. - Le livre
que je viens de lire est l'antithèse de ce que pense son
auteur. - Cet aventurier a
passé sa vie à transmigrer. -
Par son extravagance cette
personne m'inspire une
grande antipathie. - Cet antiquaire possède des collec-
tions merveilleuses. - La
transfusion du sang est une
opération très délicate et très
dangereuse. - Ce mécanicien
a été happé par une courroie
de transmission.

VERSION

l-lp   é   u   cyDpd   d   l
    fmy) rmna

n   avo   k   nT   ltj   P   un
    -A   am;(

s   mcn"   à   —   apé   P   un
    cWy   d   -mI

7   avaT__   à   passé   s   v   à
    -mGé

l   Pî   sxd   à   lV   ^   -I

P   so   -vgas   7   Psn   mi\r
    un   Gad   -pt

l   hn   é   l-pd   d   l   Fas

l   lV   q   j   v__   d   L   é
    l-tz   d   s   q   pas   so   ö
    l   lé   é   u   Ps__   -dt

l   -fU   d   ^   é   un   oPA
    Té   dlct   é   Té   dajrz

s   -fj   a   —   pn   d   dGdA

l   mld   é   s   f(qi   np
    -Pt(

7   -C   psd   )   clE   Mv__

s   député   s__j   à   l-m   gh.

REGLE N° XXVII

— Le point . est employé pour exprimer les sons : *con, cons, cont, contr.*

Exemples :

combat	s'écrit	.b
combien	»	.b__
combattant	»	.bâ
comble	»	.(
combustible	»	.b/(
consignation	»	.nA
consternation	»	.TnA
contemplateur	»	.^(ä
contagion	»	.j°
construire	»	.Tù
contravention	»	.vA
contrebandier	»	.bad

Remarque :

— Exceptionnellement le point pourra être employé après les préfixes *in, an, anti.*

Exemples :

incomparable	s'écrit	i.pr(
inconcevable	»	i.v(
inconscience	»	i.;
incontestable	»	i./(
encombrant	»	a.Ba
encontre	»	a.T

EXERCICES DE LA REGLE XXVII

L'élève écrira et lira les mots suivants :

combat - combattant - com-   .b/(.pq .Pé .pó .pzI
bien – combinaison – comble   .pA .pzï .PE .E .dù .fDA
- combustible - combustion -   .Ft(.jE .JA .Svä .y .;
compact – compagnie – com-   .Jä .jQ .jd__ .j° .lù .FmA
parable - comparaison - com-   .lGA .fë .fE .l .dI ._j
parution - compassion - com-   .kù .l__ .p/R .Pmê .pt(

patible - compatissant - compensation - compère - compétent - compétiteur - complainte - complaisant - complexion - composant - compositeur - composition - composteur - compotier - compression - compromettant - conception - concierge - concilier - concluant - condition - conduire - confection - confédération - confesseur - confession - confirmation - conflagration - conflit - confluent - confortable - congédier - congestion - conjecture - conjoint - conjurateur - conjuration - conscience - conseil - conservateur - conservatoire - conserve - consignation - consistant - consolation - consternation - constructeur - construction - construire - contagion - contemplateur - contestable - contestation - contraction - contradicteur - contradiction - contradictoire - contraindre - contravention - contrebandier - contredire - contrefaçon - contrefacteur - contrefaire - contrepoison - contrevent - contribuable - contribution - contrition - contumace - contusion - convenable - convenir - convention

.pt__   .PU   .pê   .P   .ptî
.pasA   .ptï   .(ê   .(.b   .b__
.pn   .(it   .pr(.(E   .bnė   .bà
.b/º   .fE   a.B   a.T   ./a   .TnA
.ˆ(ä   ./U   .SvtY   ./ù   .jº
.lA   .Sv   ./ù   .A   .bad__   .F
.vA   .D   .iD   .dï   .fä   .pŷ
.bà(.fâ   .vI   .VT   .U   .ms
.va   .I   .bU   .vn(.vU   .vN
.VsA   .vy__   .vE   .dqY   .dI
./A   .nA   ./(.Vtï   i.na
i.vn: i.l;(i.Ps(i.pr(i.v(
i.;   i.pt(i./(i.vna   i.Vt(
i.l(i./a   .vA.

- conversation - conversion - convertir - convertisseur - conviction - convoyeur - convulsion - incomparable - incompatible - incompressible - inconcevable - inconciliable - inconscience - inconsistant - inconsolable - incontestable - incontinent - inconvenant - inconvénient - inconvertible - encontre - encombre.

THEME	VERSION
Pour réduire la consommation de combustible on fit de grandes restrictions de lumière pendant la guerre. - Durant les premiers mois de la guerre, les Allemands chargeaient à masses compactes. - Le rapport que vous nous faites sur ce contrebandier est concluant. - Cet élève du conservatoire est devenu un compositeur remarquable. - Le contrefacteur est passible des tribunaux. - Le confesseur a ordonné au pénitent de faire acte de contrition. - La conjuration d'Amboise fut un complot formé en 1560 par le prince de Condé et les Huguenots. - Nous sommes arrivés à destination sans encombre. - Les plaidants ont été appelés en conciliation. - Le spectateur com-	lé (da o - àplé a .1A. l rP q v n ft ' s .bad__ é .kù vQ ug f u Ga .^(ä l .JA dabyz f u .(Fmé a 1560 P l Pis d .dé é lé ugn P rdù l .mA d .b/(o f d Gad r/I d lm__ pd l G 7 élv d .SvtY é dvn u .pzï rMc(l .fä é ps( ) Tbn l .fë a Odné o pnï d F aq d .I l \qä .(é à Sv d .P o Hlâ ; u) ./A P l rPtI) . l'accusé ya refusé d prT a j/s à - .dné P .ms l .1A d 7 fm hrt(é d .pT o)R d so Phi lé .__ n so p tj lé p__ n sm arvé à)tnA ^ a.B Da lé Pm__ my d l G

plaisant a servi de compère au charlatan. - L'accusé ayant refusé de paraître en justice, a été condamné par contumace. - Il y a eu des contestations pour la répartition des comptes. - Victor Hugo fut un grand contemplateur. - La consolation de cette femme charitable est de compatir aux malheurs de son prochain. - Les conseilleurs ne sont pas toujours les payeurs. - Cet enfant est de complexion délicate. - Entre ces deux grands artistes il n'y a pas de confusion possible. - Nous avons souscrit ce marché dans des conditions très favorables.

lé Allemands Hjé a
ms .pq
n avo ,C s Mhé da)
.dI Té fvr(
: sé 2 Ga At/ n; p d
.fU ps(
7 î é d .(E dlct.

CINQUIÈME LEÇON

REGLE N° XXVIII

Signes s'employant à la fin des mots.

Les deux points : signifient *graphe, isme, logue.*

Exemples :

agrafe	s'écrit :	a:
calligraphe	»	cl:
orthogaphe	»	Ot:
sténographe	»	/n:
historiographe	»	i/r°:
anévrisme	»	anV:
cataclysme	»	ctk:
platonisme	»	(tn:
rachitisme	»	rht:
schisme	»	h:
analogue	»	an:
dialogue	»	d;:
astrologue	»	a/:

EXERCICES DE LA REGLE XXVIII

L'élève écrira et lira les mots suivants :

agrafe – autographe – calligraphe – bibliographe – biographe – chirographe – chorégraphe – épigraphe – géographe - historiographe - lexicographe - lithographe – olographe - orthographe –

cr: Ot. om: lxc: tc: rht:
an: pztv: P: tp: b(°: lt:
ép: a/: BB: Ogn: L:
siCn: fnt: ctls: Pzlt: aF:
ntrl: sv: rmat: P: prx:
)pt: cmn: ég. GG:
Hltn: rG: pdat: mnt:

paragraphe - tachygraphe -
télégraphe - typographe -
anachronisme - anévrisme
- anglicanisme - aphorisme -
aristocratisme - barbarisme
- boudhisme - cataclysme -
cathéchisme - catholicisme
- christianisme - civisme -
communisme - crétinisme -
cinisme - despotisme - fana-
tisme - fatalisme - fétichisme
- gargarisme - germanisme -
héllénisme - idiotisme - jaco-
binisme - journalisme - laco-
nisme - latinisme - lyrisme -
magnétisme - mutisme - naturalisme - optimisme - orga-
nisme - paroxysme - pédan-
tisme - platonisme - positi-
visme - prisme - prosélytisme
- rabbinisme - rachitisme -
rhumatisme - rigorisme - ro-
mantisme - schisme - stra-
bisme - synchronisme - tolé-
rantisme - vandalisme - ana-
logue - apologue - astrologue
- dialogue - épilogue - homo-
logue - mythologue - prologue
- charlatinisme - égoïsme -
monologue.

anCn: lcn: ar/Cs: ép: pr:
mn: jo: b°: ot: i/r°: mt:
ctk: Ctn: d;: mt: optm:
h: vadl: jWnl: id°t: ftl:
sn: C ;n: rbn: (tn: bwd:
cr: ol: tl: cl: a: akcn:
fth: /b: rmt: ltn: anV:
cth: Jmn: tLat: éln: jcbn:
ap:

THEME

Pour conquérir sa bonne
ville de Paris, Henri IV s'est
converti au catholicisme. -
Le dernier conflit européen
fut un véritable cataclysme. -
Le boudhisme est une reli-

VERSION

7   wV_ é M d l rpT
du anV:
s sva scp bc d ntrl:
sé P L vyas é L er:
q n sld o rdù llmn
à lipù^

gion très répandue en Asie. -
Les Allemands en saccageant
la cathédrale de Reims ont
accompli un acte de vandalisme. - Ce savant s'occupe
beaucoup de naturalisme. -
Ce comptable est en même
temps un très bon calligraphe. - C'est par leur vaillance
et leur héroïsme que nos
soldats ont réduit l'Allemagne à l'impuissance. - Ce
gamin est d'un cynisme dé-
concertant. - Les musulmans
sont tous enclins au fana-
tisme. - Catherine de Médicis
a durant sa vie entière fait
la guerre au protestantisme.
- Le rapport sur notre situa-
tion actuelle qui a été fait
par ce journaliste est d'un
optimisme fort rassurant. -
Le prologue de cet ouvrage
est fort intéressant à étu-
dier. - Cet ouvrier est mort
de la rupture d'un ané-
vrisme. - On décompose les
rayons lumineux à l'aide
d'un prisme de cristal. - Le
condamné conserve un mu-
tisme absolu ; il simule même
parfois l'idiotisme. - Le premier télégraphe électrique
fut imaginé par un américain
du nom de Morse. - Dans la
copie de ce monologue j'ai
rélevé plusieurs fautes d'orthographe.

lé   mzlma   so t aki o fnt:
l   rP'nT   stA   aqùl q   a
   -   fé   P s jWnl/ é
   du optm: F   rSa
lé   allemands   a   scja l
   ctDl d ris o aco(u
   aq d vadl:
ctrn d md6 à Da s v
   :__ fé l G o Pt/at:
l .dné .Sv u mt: absl i
   sml mm Pfy ld°t:
da l cp d s mn: jé
   rlvé (·· ft Dt:
s .(é a mm ^ u Té
   bo cl:
l Dn__ .! erpi f u vrt(
   ctk:
P .CR s bn vl d pr
   ar 4 sé .Vt a ctls:
l bwd: é un rlj° Té
   rpad a az
l P: d 7 wVj é F :ê
   à étd__
o dcopz lé r° lmn à
   ld du P: d C/l
l Pm__ tl: électrique f
   imjné P u amrci d
   no d Ms
s gmi é du sn: dcoS^

REGLE N° XXIX

— La virgule signifie : *graphie, logie, agie, egie, igie, ogie, ugie, ougie.*

Exemples :

sténographie	s'écrit	/n,
photographie	»	ft,
calligraphie	»	cl,
analogie	»	an,
anthropologie	»	:p,
astrologie	»	a/,
chronologie	»	cn,
stratégie	»	/t,
physiologie	»	fz°l,
vigie	»	v,
régie	»	r,
pédagogie	»	pdg,
minéralogie	»	mnr,

EXERCICES DE LA REGLE XXIX

L'élève écrira et lira les mots suivants :

sténograhie-simpligraphie - bibliographie - calligraphie -cosmographie-lithographie -orthographie-photographie - tachigraphie - télégraphie - typographie – analogie - anthologie - anthropologie - astrologie - bougie - chirologie - chronologie - démagogie - éffigie - élégie - étiologie - étymologie - hémorragie - iconologie – magie – minéralogie - mythologie – nécrologie - pathologie - pédagogie – physiologie - psychologie – stratégie - tabagie - vigie - régie.

lt, pdg, pt, fz°, b(°. Ot, tp, :p, tl, m, icn, ef, a/, mt, tb, nC, ft, tc, /n, si(, ét°, mnr, /t, psc, étm, éM, él, Cn, b, cr, dmg, cl, csm, an, -, v, r,

THEME

La Simpligraphie est appelée à rendre de grands services dans l'industrie. – La télégraphie sans fil fut créée par Marconi. – J'ai trouvé beaucoup d'analogie entre ces deux romans – C'est dans la nuit que la sentinelle fut tuée dans le poste-vigie. – Cette pièce n'a plus cours car elle est à l'effigie de Napoléon III. – La photographie fut découverte par deux savants français – Cette femme est morte d'une hémorragie interne – La chronologie est la science des dates. – Musset a composé beaucoup d'élégies qui resteront immortelles. – La cosmographie et l'astronomie sont 2 sciences analogues. – L'étude de la mythologie est indispensable à qui veut comprendre l'histoire ancienne. – Cette salle de café fut transformée par les fumeurs en véritable tabagie.

VERSION

7 sl d cfé f -Fmé P lé fmR a vrt(tb,

msé à composé bc dl q r/ro iMtl

jé Twvé bc dn, : sé 2 rma

7 p__s n (cW C e é à lf, d nplo 3

1 Cn, é 1 s;) dt

sé da 1 nù q 1 ^tnl f tù da 1 p/ v,

1 si(, é aplé à raD d Ga Svs da lid/

1 csm, é 1/nm so 2 s; an:

1 tl, ^ fl f Cé P Mcn

1 ft, f dcwVt P 2 sva Fasé

7 fm é Mt dn éM, :n ltd d 1 mt, é id\as(à q v .PaD 1/Y ''.

REGLE Nᵒ XXX

— Le point . signifie : *graphique, logique, astic, estie,* etc... *atic, etic,* etc... et rend également la terminaison *ic.*

Exemples :

sténographique	s'écrit	/n.
illogique	»	i.

étymologique	s'écrit	etm.
despotique	»	)p.
diabolique	»	d;bl.
dialectique	»	d;lq.
élastique	»	él.
érotique	»	E.
esthétique	»	e/.
gothique	»	g.

EXERCICES DE LA REGLE XXX

L'élève écrira et lira les mots suivants :

alambic - arsenic - aspic - basilique - brick - chic - cric - diagnostic - mastic - pronostic - public - trafic - académique - acoustique - alchimique - **allégorique** - analogique - analytique - anatomique - angélique - apathique - apoplectique - apostolique - aquatique - aristocratique - arithmétique - aromatique - astrologique - astronomique - authentique - balistique - biblique - botanique - bourrique - boutique - cabalistique - caustique - chimérique - chimique - chromatique - chronique - chronologique - classique - climatérique - clinique - clique - cholérique - colique - conique - comique - cosmétique - critique - cubique - démocratique - despotique - diabolique - dialectique - diatonique - dramatique - domes-

ac. C. a/nm. p(. b. arm. antm. b(. c. alG. Cn. ac. m. a\. artm. bl. bW. hM. Cn. anl. a/. ap(q. bzl. alab. h. Pn. acdm. cbl. Cm. an. btn. ôt. ajl. B. Asn. ap/l. hm. alhm. ap. Tf. d;n. ar/C. cl. Dl. ftd. x. csm. d;bl. dm. élQ. E. !gm. g. étm. cb. cn. kn.)p. d;tn. a(m. é/. d(m. fn. dmC. cm. cL. fB. kmT. C. d;lq. Dm. él. éNj. k. ks.

tique - drolatique - élastique
- électrique - emblématique
- énergique - érotique - esthé-
tique - étymologique - exo-
tique - fabrique - fanatique -
fatidique - flegmatique -
gothique.

THEME	VERSION
La basilique de Saint-Denis est le tombeau de beaucoup de rois de France. - La piqûre de l'aspic est très venimeuse. - L'arsenic est un poison violent. - Le docteur vu l'état du malade n'a pu établir de diagnostic. - L'édifice est de pur style gothique. - Cet homme exerce le métier de critique dramatique. - L'art cubique est apprécié de beaucoup d'amateurs. - Ce musicien ne joue que du classique. - Dans cette clinique on pratique les massages électriques. - Le nénuphar est une plante aquatique. - Un incendie a détruit la fabrique de produits chimiques. - Ce brave homme noas a tenu un langage allégorique. - Les anglais possèdent en général un caractère très flegmatique. - Cet officier durant la guerre s'est beaucoup occupé de balistique. - Cette personne vient d'être incarcérée pour trafic de stupéfiants.	l nnF é un (at ac. u ŝd à dTù l fB. d Pdù hm. l bzl. d si dn é l tob d bc d ry d Fas L cb. é aPs__ d bc dmä s Bv om n a tn u lagj alG. l dö v lt d mld n p ét(R d d;n. l pC d l. é Té vnmz da 7 kn. o P. lé msj élQ. lé aké psd a jnrl u crQ Té !gm. 7 ofs__ Da l G sé bc ocpé d bl. Lsn. é u pŷ v°la ldfs é d P /l g. s mz" n jw q d ks. 7 Psn v__ dT iCSé P Tf. d /pf; 7 om Xs l mt d C. Dm.

REGLE N° XXXI

— La parenthèse fermée) rend *alement, element, ilement olement, ulement, ament, ement, iment, oment, ument.*

Exemples :

abonnement	s'écrit	**abn)**
accablement	»	**ac( )**
bâtiment	»	**bt)**
complément	»	**.( )**
emplacement	»	**a(s)**
gonflement	»	**go!)**
sautillement	»	**sty)**
soulagement	»	**,lj)**
signalement	»	**snl)**
testament	»	**t/)**

Indépendamment des terminaisons ci-dessus, la parenthèse fermée donne également la forme adverbiale à tous les mots, *sans tenir aucun compte de l'orthographe.*

Exemples :

lent	**la**	adverbe	*lentement*	**la)**
sourd	**sW**	»	*sourdement*	**sW)**
prince	**Pis**	»	*princièrement*	**Pis)**
long	**lo**	»	*longuement*	**lo)**
franc	**Fa**	»	*franchement*	**Fa)**
subvention	**,vA**	»	*subventionnellement*	**,vA)**

EXERCICES DE LA REGLE XXXI

L'élève écrira et lira les mots suivants :

abaissement - abonnement - abrutissement - accablement - accroissement - acharnement - acheminement - achèvement - acquittement - affaiblissement - affranchis-

haj) .( ) dFh) dPt) dT)
dzG) ht) ks) .( ) dgj) dc)
aph) alv) asn) a(s) ĥt)
Ft) Fty) arj/) éTak) jms)
Gn) kws) f̂) ahn) élyn)
:) :ls) étn) go!) kps)

sement - affublement - agré-
ment - ajustement - aligne-
ment - aliment - allaitement -
ameublement - amusement -
appartement – applaudisse-
ment - appointement - argu-
ment - armement - arrange-
ment - arrondissement - as-
sortiment - avancement -
bâtiment - campement -
changement - châtiment -
chuchotement - claquement
- classement - clignement -
complément - compliment -
déchargement - défrichement
- dégagement - département
- déraillement - désagrément
- détriment - document -
ébranlement - écartement -
éloignement - empêchement
- emplacement - enchaîne-
ment - enchantement - enfan-
tement - enlèvement - enre-
gistrement - enseignement -
enterrement - entrelacement
- étonnement - étranglement
- frétillement - froissement -
frottement - gémissement -
glapissement - gloussement
- gonflement - grincement -
grognement - grondement

Fys) éBal) éCt) Dy) dHj)
hht) kc) kn) aln) aSt)
avas) alt) aBts) aCys)
amz) a(ds) cap) bt) aG)
aj/) am( ) Ag) Aaj) act)
aFahs) abn) abs) af(s)
af( ) ahv) ac( ) aHn) aPt)
ahmn) Aods) Am) a)
Gis) God) apᵒt) af( )

THEME

L'acquittement de ce con-
damné a défrayé la chro-
nique. - L'accroissement de

VERSION

bc d clo Fasé so Pt o
mrc afl dPé l dFh)
d Stn rjᵒ

la population parisienne a entraîné la crise des logements. - Cet homme a fait sa carrière dans l'enseignement. - Malgré les menaces réitérées des Alliés l'Allemagne n'a pas voulu consentir à son désarmement. - Les ouvriers en bâtiment trouveront beaucoup de travail dans les départements dévastés. - Cet acteur vient de signer son engagement. - Cet homme s'est enrichi au détriment de son prochain. - L'orateur a quitté la salle aux applaudissements de l'assemblée. - La Banque de France est l'établissement financier le plus important de notre pays. - Cette troupe de nomades a établi son campement aux premières maisons de la ville. — Beaucoup de colons français sont partis au Maroc afin d'opérer le défrichement de certaines régions. - D'après Pierre Loti la vie dans l'île de Tahiti est un perpétuel enchantement.

lé wV__a bt) TwVo bc d Tvy da lé dPt) dv/é

dPé p__ lt 1 v da ll d Tahiti é u Pptùl ĥt)

1 bac d Fas é lt(s) fnas 1 (iP^ d nT pi

7 Twp d nmd a ét(so cap) o Pm__ mê d 1 vl

7 à v__ d sné so agj)

7 om à fé s C__ da lasn)

Lä à quitté 1 sl o a(ds) d là(é

7 om sé arh o dT) d so Phi

)Gé lé mns riTé) al__ llmn n p vwl .^T à so dZm)

1Cys) d 1 pplA P" à :né 1 Cz) lj)

lct) d s .dné à dFyé 1 Cn.

REGLE Nº XXXII

Le trait d'union fait *até, eté, ité, olé, uté. outé, iété, anté, onté, inté. unté.*

Exemples :

âcreté	s'écrit :	aC–
affinité	»	afn–
difformité	»	dFm–
dureté	»	D–
électricité	»	élQs–
antiquité	»	–c–
extrémité	»	–m–
annuité	»	an–
fatuité	»	ft–
ancienneté	»	”–
sûreté	»	’–
souhaiter	»	,–
augmenter	»	ogm–
volonté	»	vl–

EXERCICES DE LA REGLE XXXII

L'élève écrira et lira les mots suivants :

accréditer - âcreté - affinité - agilité - amabilité - ambiguité - ancienneté - animosité - annuité - antiquité - anxiété - arrete assiduité - atrocité - austérité - authenticité - autorité - banalité - bestialité - brutalité - cap·cité - célébrité - charité - chasteté - comité - comptabilité conformité - continuité - cordialité - criminalité - curiosité - dégoûter - difformité - domesticité -

bnl–	.Fm–	slB–	dg–	~m–
dm/s–	Cd;l–	cps–	”–	ôts–
–c–	h/–	Cºz–	éTn–	ft–
Cmnl–	D–	él/s–	dFm–	.bl–
H–	Btl–	cm–	.n–	élQs–
ah–	xaTs–	aC–	afn–	b/;l–
oT–	asd–	ax–	Fm–	xg–
o/r–	A–	aTs–	ajl–	aCd–
ambl–	anmz–	amn–	an–
abg–	dàl–	imbl–	:pd–	lvd–
yzv–	pV–	jv;l–	nwv–	p/r–
(–	p–	jy__–	)PP–	P–	pTn–
inc–	ifn–	iFm–	iP–	Gs__–

dualité - dureté - élasticité - électricité - enchanter - éternité - excentricité - exiguité - extrémité - fatuité - fermeté - flotter - fluidité - frivolité - grossièreté - hostilité - illimité - immobilité - impiété - impureté - iniquité - infirmité - infinité - intégralité - intégrité - intensité - intimité - intrépidité - jovialité - joyeuseté - lividité - malpropreté - nouveauté - oisiveté - parenté - pâté - paternité - pauvreté - planté - postérité.

ip- ilm- !- Fvl- lùd-
o,l- -Gl- -m- îs- -G-

THEME

Malgré son agilité le cambrioleur a été arrêté. - C'est par rang d'ancienneté que ces employés montent en grade. - L'oisiveté est la mère de tous les vices. - L'authenticité de ce récit est incontestable - La jovialité de ce vieillard le fait aimer de tous. - La difformité dont souffre cet enfant provient des brutalités de son père. - Celui qui fait la charité doit la faire avec discrétion. - Ce praticien est une célébrité dans le monde médical. - La dûreté de cet homme le rend impitoyable. - Le chef de la sûreté a donné l'ordre d'arrêter les espions. - Cet explorateur est remarquable par son intrépidité. - L'exiguité

VERSION

7 av ax- q. n avo ád
  l vn) oT-
l dFm- do ,F 7 î
  Pv_) Btl- d so
  P
7 x(rä é rMc(P so
  :pd-
slù q fé l H- dy l F
  av)CE
l hf d l '- à dné LD
  D- lé e,o
sé P ra d"- q sé a(y_
  mot a Gd
lxg- ɑ 7 p_s n l ra
  p P.) lj(
l D- d 7 om l ra
  ipty;(
lyzv- é l M d t lé vs
l jv;l- d s v_; l fé
  émé d t
s Pt" é un slB- da l
  mod mdcl

de cette pièce ne la rend pas pratiquement logeable. - L'intégrité de ce commerçant est telle que la banque lui a accordé un crédit illimité. - C'est avec anxiété que nous avons attendu la venue des autorités.

lóts- d s rs é i./(
)Gé so ajl- 1 caB°lR à
- A-
1-G- d s cM´ é tl q 1
bac lù à aCdé u Cd
ilm-

REGLE N° XXXIII

— La lettre *e* surmontée de l'accent grave *(jamais l'accent aigu)* rend les terminaisons suivantes:

assé, essé, issé, ossé, ussé, oussé, uissé, ansé, onsé, insé, unsé, azé, ezé, izé, ozé, uzé, ouzé, uizé, anzé, onzé, inzé, unzé.

Exemples :

abuser	s'écrit	abè
agoniser	»	agnè
autoriser	»	oTè
disposer	»	)pè
électriser	»	élQè
aiguiser	»	égè
herboriser	»	EBè
blesser	»	(è
chausser	»	hè
confesser	»	.fè
avancer	»	avè
harasser	»	Aè
intéresser	»	:è

NOTA :

Malgré le grand nombre de mots qui s'écrivent de la même manière, en simpligraphie le contexte permet d'empêcher toute confusion à la lecture. Il faut d'ailleurs remarquer que les chances de confusion sont beaucoup plus considérables en sténographie.

EXERCICES DE LA REGLE XXXIII

L'élève écrira et lira les mots suivants :

abuser - accuser - agoniser - aiguiser - amuser - analyser - autoriser - brutaliser - caractériser - caser - centraliser - composer - défriser - dégriser - disposer - économiser - écraser - égaliser - électriser - embraser - éterniser - fanatiser - favoriser - fertiliser - formaliser - fraterniser - gargariser - gloser - herboriser - humaniser - imposer - infuser - légaliser - magnétiser - martyriser - mépriser - mobiliser - moraliser - neutraliser - organiser - paralyser - phraser - préconiser - prophétiser - refuser - remiser - reposer - sympathiser - transposer - transvaser - tyranniser - verbaliser - abaisser - adosser - adresser - amasser - blesser - chasser - chausser - classer - confesser - danser - embarrasser - engraisser - tracasser - glisser - harasser - intéresser - plisser - prélasser - ramasser - ratisser - redresser - repasser - tapisser - tisser.

dGè)pè églè FTnè fntè
GGè éTnè cè agnè amè
oTè abè .pè ^Tlè dFè
Btlè éCè fVè acè Ftlè
kè Fmlè EBè elQè écnmè
égè anlè crQè aBè lglè
Pftè mPè Ognè rmè aDè
-vè -pè kè aBè Fcè (è
rpè prlè mrlè ifè Fè
Pcnè trnè siptè Vblè .fè
rpè adè rfè abè dè aGè
rtè :è kè rmè Plè rDè
hè amè hè (è ipè mntè
mblè umnè nTlè MTè tè
tpè Aè

THEME	VERSION
J'ai fait légaliser ces papiers par le commissaire de police de mon quartier. - Cette société a été fondée en vue de favoriser le développement de l'industrie en France. - Ce soldat n'a pas été longtemps mobilisé, car il a été blessé dès le début de la guerre. - Pour aller chasser cet homme s'est chaussé de gros souliers. - Je vais organiser une soirée à laquelle on pourra danser.- Ce cultivateur a fait construire un hangar pour remiser ses outils. - Mépriser son ami c'est se mépriser soi-même. - On a saisi la comptabilité de cette maison pour la faire expertiser. - Cet employé infidèle a abusé de la confiance de son patron. - Pour obtenir un rendement de travail plus important j'ai tenu à intéresser mes ouvriers dans les bénéfices. - Ce soldat passera devant un conseil de guerre car il a refusé d'obéir. - Pour fertiliser ce terrain le propriétaire a dépensé beaucoup d'argent. - Pendant la guerre, malgré la propagande boche nos soldats ne se sont jamais laissé démoraliser. - A force d'économiser cette femme est arrivée à se créer une petite aisance.	P Ftlè so Ti l FP_T à dpè bc Dja 7 a(y_ ifdl à abè d l .f; d so pTo a Fs dcnmè 7 fm é arvé à s Cé un ptt ès P obtN u rad) d Tvy (iP^ jé tn à :è mé wV_ da lé bnfs jé fé lglé sé pp_ P l cmS d pls d mo Ct_ P alé hè 7 om sé hè d G ,l_ s cltvä à fé ./ù u aG P rmè sé wt j vé Ognè un sYé à lql o pwr dè mPè so am sé s mPè sy mm o a sz l .bl- d 7 mé P l F xFtè 7 ss- à - fodé a v d fVè l dvlp) d lid/ a Fas s sld np - lê mblè C i à - (è) l db d l G pd l G)Gé l Ppgad bh n sld n s so jm lè dmrlè s sld psr dva u .y d G C i à rfè dbR.

REGLE N° XXXIV

— L'apostrophe ' rend les terminaisons suivantes : *atif, étif, itif, otif, utif, antif, ontif, intif,* ainsi que les terminaisons féminines.

Exemples :

chétif	s'écrit	h'
rétif	»	r'
auditif	»	od'
confirmatif	»	.Fm'
explicatif	»	x(c'
négative	»	ng'
plaintif	»	('
plaintivement	»	(')
sensitive	»	^s'
superlatif	»	'l'
translatif	»	-l'
spéculatif	»	cl'
vomitif	»	vm'

EXERCICES DE LA REGLE XXXIV

L'élève écrira et lira les mots suivants :

confirmatif - accusatif - admiratif - affirmatif - alteratif - apéritif - attentif - auditif - chétif - commémoratif - communicatif - comparatif - consécutif - conservatif - consolatif - corrélatif - craintif - curatif - déclaratif - définitif - démonstratif - dénominatif - diminutif - dispositif - distributif - dormitif - excla-

.Fm'	crl'	xkm'	Jmn'	iv'
PP'	rst'	rnM'	ifn'	fclt'
dmn'	.c'	)pz'	C' Dm'	C'
)Tb'	dK'	xpd'	dnmn'	x(c'
dmo/'	.l'	adM'	.Sv'	cmM'
acz'	cmnc'	.P'	aFm'	alTn'
od'	at'	h'	aP' dfn'	imjn'
fj'	lx'	lc'	f' :g'	mdt'
Pm'	Pt'	clfc'	rl'	rBb'
Pg'	nT'	(' m'	pad'	iFm"
idc'	iP'	ng'	Pt' n'	rzl

matif - expéditif - explicatif - facultatif – fautif – fugitif – germinatif – imaginatif - impératif - indicatif - infinitif – informatif - interrogatif - inventif - laxatif - locatif - lucratif - méditatif - motif - natif - négatif - nutritif - partitif - pendentif - plaintif - portatif - préparatif - primitif - purgatif - qualificatif - rébarbatif - récitatif - relatif - rénumératif - représentatif - résolutif - rétif - révolutif - sédatif - sensitif - significatif - spéculatif - superlatif - translatif - végétatif - vindicatif - vomitif.

-l'   vm'   sd'   'l'   snfc
vjt'   cl'   ^s'   vidc'   rvl'
rPét'   r'   lC'

THEME

Cet enfant est attentif aux leçons de son maître. - Le cheval que monte ce jockey est rétif. - Le travail fait par cette ouvrière n'est pas rénumératif. – Cette lettre est confirmative du télégramme précédent. - J'ai confiance en cet homme car il m'a parlé sur un ton très affirmatif. - Le transport des lettres par avion est très expéditif. - Suivant votre demande, je vous remets sous ce pli un relevé très explicatif. - Je trouve le dispositif de cet appareil on ne peut plus ingénieux. - Le chamois est un quadrupède très craintif. -

VERSION

jé .f; a 7 om C i m
    Plé ' u to Té aFm'
7 î é at' o lé d so mT
l Tvy fò P 7 wV_ np
    rnM'
7 lT é .Fm' d tlGm
    Psda
sùva vT dmad j v rmé
    , s (u rlvé Té x(c'
l hmy é u cyDpd Té C
l pv psd d Gad PP-
    Dm'
l -P) lT P av° é Té
    xpd'
j Twv l)pz' d 7 aPy
    o n p (ijn_
s rmd é u C' Té éNj.
da lé ^ Pm' lé om lVé
    d vrt(bty o bt fv

Le résultat ne notre enquête a été négatif. - Le pavot possède de grandes propriétés dormitives. - Ce chimiste s'est livré à des préparatifs très minutieux. - Ce remède est un curatif très énergique. - Dans les temps primitifs les hommes livraient de véritables batailles aux bêtes fauves.

s hm/ sé lVé à) PP'
    Té mns_
l rzlt d nT act à - ng'
l hvl q mot s jcé é r'

REMARQUES

— Le son " *eu* " ne se traduit jamais, sauf quelques cas où il est nécessaire pour la lecture.

Exemple:

    malheur)R   et   *malheureux*)Re

— En fin de mot le son " *an* " peut être mis également pour *ante* ou *anse*. Avec le contexte il ne peut y avoir confusion. L'Elève s'en rendra compte à la lecture des exercices.

— Le deux points (Règle n° 25) ainsi que le point (Règle n° 27) au début d'un mot peuvent également être mis après un article élidé.

DEVOIRS RÉCAPITULATIFS

Arrivé à cette page de **SIMPLIGRAPHIE**, *l'élève, s'il a étudié consciencieusement, connaît toutes les règles de la méthode.*

Pour faciliter l'étude et permettre de se corriger lui-même, nous avons pris soin de donner, comme thèmes et versions, des phrases identiques dont seul l'ordre changeait.

L'élève doit donc être capable de traduire les thèmes et versions suivantes dont les textes sont différents. Les titres et noms d'auteur ont été volontairement supprimés pour les versions, mais comme ces pages choisies appartiennent aux **CLASSIQUES**, *l'élève les retrouvera facilement s'il a su traduire convenablement.*

Souvent, pendant une demi-heure, on entend derrière la montagne un tintement de clochettes ; ce sont des troupeaux de chèvres qui changent de pâturages. Il y en a quelquefois plus de mille. Au passage des ponts on se trouve arrêté jusqu'à ce que la caravane ait défilé. Elles ont de longs poils pendants qui leur font une fourrure avec leurs manteaux noirs et leur grande barbe on dirait qu'elles sont habillées pour une mascarade. Leurs yeux jaunes regardent vaguement avec une expression de curiosité et de douceur. Elles semblent étonnées de marcher ainsi en ordre sur un terrain uni. A voir cette jambe sèche et ces pieds de corne on sent qu'elles sont faites pour errer au hasard et pour sauter sur les roches. De temps en temps les moins disciplinées s'arrêtent, posent leurs pattes de devant contre la montagne et broutent une ronce ou la fleur d'une lavande. Les autres arrivent et les poussent ; elles repartent la bouche pleine d'herbes et mangent en marchant. Toutes leurs physionomies sont intelligentes, résignées et tristes avec des éclairs de caprices et d'originalité. On voit la forêt de cornes s'agiter au-dessus de la masse noire et les fourrures lisses luire au soleil. Des chiens énormes à poils laineux, tachés de blanc, marchent gravement sur les côtés, grondant lorsqu'on approche. Le pâtre vient derrière, dans sa cape brune, avec le regard immobile brillant, vide de pensées qu'ont ses bêtes, et toute la bande qui disparaît dans un nuage de poussière d'où sort un bruit de bêlements grêles.

Taine.

---

l   clmn M v n své G s q v ddné jé v lé
(ont ja P da éT ac(é Cy__ qi n; p d (t
mhas— p DR p d . abSd . n fs adpté o y'
dn Gad vl a s Pna b__ é n avo îs) ja dn
aDs   dB u Bù ljé râ l sl cm Lodl ava
lrj p;nsm MM é fl é sm a cWa l Té apyzné
tl bwh l rcy é p;n p;n v l ks a Ly/ aDyt)
l) é fé i Jm i rap i hmn é d bwh a bwh
i v l d;(pù t à cw n sé c) v vy__ clmn
s Dè s!é ˆ!é GaD â v dy e slas é so vl
tWb°n avlp arh :n ékt é tn é dv__ Gs o s__l
u C jnrl u Cˆd p(. u crs unVsl d én é d
PsCI   q d;(i rs/ré

C'est faute de plan, c'est pour n'avoir pas assez réfléchi sur son objet qu'un homme d'esprit se trouve embarrassé, et ne sait par où commencer à écrire ; il aperçoit à la fois un grand nombre d'idées, et, comme il ne les a ni comparées ni subordonnées, rien ne le détermine à préférer les unes aux autres. Il demeure donc dans la perplexité, mais lorsqu'il se sera fait un plan, lorsqu'une fois il aura rassemblé

et mis en ordre toutes les pensées essentielles à son sujet,
il s'apercevra aisément de l'instant auquel il doit prendre la
plume, il sentira le point de la maturité de la production de
l'esprit, il sera pressé de la faire éclore, il n'aura même que
du plaisir à écrire, les idées se succèderont aisément et le
style sera naturel et facile, la chaleur naîtra de ce plaisir, se
répandra partout et donnera de la vie à chaque expression.
Tout s'animera de plus en plus, le ton s'élèvera, les objets
prendront de la couleur, et le sentiment, se joignant à la
lumière, l'augmentera, la portera plus loin, la fera passer
de ce que l'on dit à ce que l'on va dire, et le style deviendra
intéressant et lumineux.

Buffon.

*(Extrait de son discours de réception prononcé
 à l'Académie Française, 25 août 1753)*

I é nù   lé Pt   d   l   ptt   mé   so   Fmé   u   h
   am jt d ˆ a ˆ u aby) da l cW l (ù dtn tit
   . lé vT) 2 fnT bs é l va   ,la P rfl Pdù
   a s Bî . lé Bah d 2 w 3 (tn w da lé :/s
) vlé) s!) :mi é mlacl.

l haB w j m rvy is é Gad ó Pq n   o fo
   é un alcv av u l ; 2 Bs   ') hz o p_
   d l lu Ga lT pt u Ga fe d sp d vn Bl o
   fo dn hmné d p_ (ah   d Gs pwT nYs P
   l fmé is q lé é ql Pt Fm l (fo   '
   lé p_ n Pcé n tp mé d si(cr d Bc no
   Vné   pº d ˆT ocu pp_ pi ' lé
   M d l haB   da u ak u pt kvsi wV
   av) c_ d mz. éP ' li/)   (Pé d fe
   o ml_ d l haB un ptt t(à je av u tp V t
   tGé d th daC   ' l t(2 hadl d
   sùf q Bl da 2 hadl_ d cùV Aj- é q jt u p
   d lù ' lé M (ah d lPt)

---

jvé rMcé dpù qi m- Pm d ST d m haB é d
m Pmné da lé glr q 1 Pt__ aPté hc sY lé
ké d tt lé Pt o '__ é qi rné cm u Pfo slas
da l mé q Mcé q t l mod - rTé   j pwvé
alé ˆ ob/k P un glr d cmncA d m haB à
sl d s P   m rzlU - d lù PaD sé ké à lpv̂ˆ
av mo p/lé si fè dfclté d m lé dné é d ma
SV P gné l r   ja âd l ˆ av ips;   1 Pt__ vi
à L OdN sad u p aP 9 R   ja lè pè aC
un P mSé q t lé rlj__ é lé dm. - aDm   j Pt
av mo Am é un hadl almé   j Fpé dB dws)
à 1 Pt d P P lv__ ˆ Bù   i mîd o sco cw é
smjna ˆ dwt q s- qq rlj__ q s Twvé) é q
avé bzᵒ d scW i s lv P mwVR   i u namᵒ
l PcO d dmadé o TV d l Pt q s- é s .
vwlé d lù   j f o(jé d m nmé mé jfqé u to
(' P lù F .PaD q j n m Twvé p b__   a sé
v mo H fs m dtl a V̂ l Pt q? do q v amn
s T   jaTé da s haB é ly; Té à lT bw opè
à l Pt j lù dKé qi m- ips(d dMé (lt̂ à
si lZ q l nù - u ˆ cmd P ST ˆ éT aPs é
q jâdé d so amt__ qi .ˆTé à mwVR lé Pt w
à m P- sé ké P lé wVR mymm

Ayant pu correctement traduire ces thèmes et ces versions, vous savez **SIMPLIGRAPHIER.**

Il ne vous reste plus qu'à acquérir de la vitesse ; ceci ne peut être obtenu que par vos efforts personnels.

Dans le cas où vous éprouveriez des insuccès, écrivez à la Société **d'Editions de Vulgarisation** *qui se fera un plaisir de vous donner les conseils dont vous auriez besoin.*

TABLE DES MATIÈRES

IMPRIMERIE
DUBOIS & BAUER
PARIS